Mosaik bei
GOLDMANN

Buch

Mit Mobbing verbinden die meisten Menschen verletzendes und ausgrenzendes Verhalten am Arbeitsplatz, doch auch Liebesbeziehungen können davon betroffen sein.
Der bekannte Paartherapeut Wolfgang Schmidbauer analysiert, wo Anlässe für Kränkungen in intimen Beziehungen liegen und wie diese verarbeitet werden können. Mit Beispielen aus seiner familientherapeutischen Arbeit und praktischen Lösungsmöglichkeiten zeigt er, wie man der Mobbing-Falle entkommen kann. Dieses Buch ist der Wegweiser zu einer verlässlichen Paarbeziehung, in der sich die Partner wieder achten und einander vertrauen können.

Autor

Dr. Wolfgang Schmidbauer, geboren 1941, promovierte 1968 zum Thema »Mythos und Psychologie«. Er ist Gründer eines Instituts für Analytische Gruppendynamik, erfahrener Psycho- und Paartherapeut sowie Lehranalytiker in München. Von ihm sind zahlreiche erfolgreiche psychologische Bücher erschienen und in seiner wöchentlichen Liebeskolumne im ZEIT-Magazin beantwortet er die wichtigsten Beziehungsfragen.

Wolfgang Schmidbauer

Mobbing in der Liebe

Wie es dazu kommt und was
wir dagegen tun können

Mosaik bei
GOLDMANN

Die Ratschläge in diesem Buch wurden vom Autor und vom Verlag sorgfältig erwogen und geprüft, dennoch kann eine Garantie nicht übernommen werden. Eine Haftung des Autors bzw. des Verlags und seiner Beauftragten für Personen-, Sach- und Vermögensschäden ist ausgeschlossen.

FSC
Mix
Produktgruppe aus vorbildlich
bewirtschafteten Wäldern und
anderen kontrollierten Herkünften

Zert.-Nr. SGS-COC-1940
www.fsc.org
© 1996 Forest Stewardship Council

Verlagsgruppe Random House FSC-DEU-0100
Das für dieses Buch verwendete FSC-zertifizierte Papier *Munken Print*
liefert Arctic Paper Munkedals AB, Schweden.

1. Auflage
Vollständige Taschenbuchausgabe Juni 2009
Wilhelm Goldmann Verlag, München,
in der Verlagsgruppe Random House GmbH
© 2007 by Gütersloher Verlagshaus, Gütersloh,
in der Verlagsgruppe Random House GmbH, München
Umschlaggestaltung: Uno Werbeagentur, München
Umschlagmotiv: getty images/Denis Felix
Satz: Buch-Werkstatt GmbH, Bad Ailbing
Druck und Bindung: GGP Media GmbH, Pößneck
MV· Herstellung: IH
Printed in Germany
ISBN 978-3-442-17077-7

www.mosaik-goldmann.de

Inhalt

Vorwort 9

1. Mobbing 12

2. Systeme unter Stress 21
Sieben Thesen zum Mobbing in der Liebe 23

3. Pädagogik der Rache 27
Robert und Hella 27
Karl und Silvia 34
Mobbing als Rache 40

4. Die problematische Rolle der Psychologie ... 46

5. Einstürzende Ideale 55
Gefährdete Beziehungen 59

6. Die Störungen der Kränkungsverarbeitung ... 69
Der kannibalische Narzissmus 74
Mobbing und manische Abwehr 80

7. Ein Feind genügt für einen Krieg 84

8. Mobbing und Neid 97

9. Wozu Mobbing gut ist ... 101
Die manische, die depressive und die
humorvolle Position ... 106

10. Rückzug als Mobbing-Strategie ... 110
Übersehen ... 112
»Du bist zu dick!« ... 114

11. Subtile Verluste ... 125
Florian und Karin ... 134
David und Sarah ... 147

12. Zwei Kulturen ... 163
Roxane und Mathias ... 167
Phantasie und Realität ... 174

13. Die Ehe zu dritt ... 180
Kommentar zur »Ehe zu dritt« ... 189

14. Gegen Hass hilft nicht Liebe, sondern Gerechtigkeit ... 194
Eine künstlerische Position ... 201
Das Zwischenlager ... 205

15. Humor in der Paartherapie ... 208
Ein Abend beim Italiener ... 208
Die Erzählerin ... 210
Der Vater ... 211
Der traumatische Raum und der freie Raum ... 213
Die schlechte Zeit ... 215
Angst und Geborgenheit ... 217
Der Hafen der Ehe ... 219

Nicht mit ihm und nicht ohne ihn 222
Der neue Pakt 225
Stolz und Humor 226

16. Ironie in der Paartherapie 231
Der Teller im Gesicht 231
Das Paar 234
Ironische Vision und körperlicher Humor 236
Das Distanzproblem 239

Schluss 241
Anmerkungen 244
Register 248

Vorwort

Es scheint den Menschen der Gegenwart schwerer zu fallen als früher, mit Kränkungen fertig zu werden. In den Medien wird über eine »Jammerkultur« geklagt; es gibt kaum eine soziale Einrichtung zwischen Kindergarten und Universität, Betrieb und Behörde, in der nicht über das Jammern – gejammert wird. Früher sei man schlechter dran gewesen und habe doch weniger geklagt.

Umso intensiver sehnen sich die Menschen nach einem intimen Bereich, in dem sie sich geborgen fühlen können. Aber es scheint wie beim Wettlauf zwischen dem Hasen und dem Igel: Das Problem der mangelnden Kränkungsverarbeitung ist in den intimen Beziehungen längst angekommen.

So schwindet das Vertrauen – oder wachsen die Ansprüche? – in die Verlässlichkeit von Liebesbeziehungen. Die sozialen Folgen gehören zu den Problemen, welche uns besorgt für die Zukunft Europas machen. Sie wecken Ängste vor dem Alter so gut wie vor der Verantwortung für Kinder. Nicht nur der Stress aus Beziehungen, welche uns doch eigentlich entspannt und zuversichtlich machen sollten, belastet die Menschen. Wer ihn vermeiden will und sich in die Isolation einer Single-Existenz zurückzieht, hat neue Probleme, andere, aber

Vorwort

vielleicht nicht weniger schwer wiegende emotionale und körperliche Folgen zu verkraften.

Es scheint den Menschen seltener zu gelingen, so miteinander umzugehen, dass sie sich gegenseitig in ihren Liebesbeziehungen stabilisieren, obwohl sie doch so viel mehr Kontaktmöglichkeiten haben. Internet und Mobiltelefon haben die Beziehungsaufnahmen multipliziert. Chatroom und Turbodating versprechen, dafür zu sorgen, dass sich Jedefrau und Jedermann öfter verlieben können als zuvor. Und doch erdrückt der Alltag diese tropische Vegetation schneller, als sie nachwachsen kann. Die Singles nehmen zu, die Bereitschaft, sich auf Verpflichtungen einzulassen, ist stärker angstbesetzt als früher. Beziehungen können schiefgehen, und dann fühlen wir uns nachher schlechter als zuvor, als wir noch alleine lebten.

Das ist umso fataler, als auch im zweiten wichtigen Bereich unseres Lebensgefühls, in der Arbeitswelt, die Verhältnisse instabil geworden sind. So geraten viele Männer und Frauen in einen Zweifrontenkrieg: Sie verkraften kaum die Unsicherheit und den ständigen Streit in der Partnerschaft, sollen aber gleichzeitig um ihren Arbeitsplatz kämpfen, sich erfolgreich bewerben, ihre Karriere planen.

Ich habe dieses Buch geschrieben, um etwas von den Problemanalysen und Lösungsvorschlägen zu Kränkungsanlass und Kränkungsverarbeitung mitzuteilen, die ich in den letzten Jahren in den Feldern der Paartherapie und der Beratung in beruflichen Krisen gesammelt habe. Ich greife ein Thema wieder auf, dessen Zuspitzungen ich bereits in »Die Rache der Liebenden« dargestellt habe.[1] Der Untertitel dieses Buches,

Vorwort

»Verletzte Gefühle und der Weg aus der Hass-Falle« hat eine Leserin veranlasst, sich bei mir schriftlich zu beklagen, sie fühle sich in einer solchen Situation gefangen und habe zu wenig Wegweisungen aus der Hass-Falle in dem Text gefunden.

Ich will versuchen, es diesmal besser zu machen. Aber ich glaube auch, dass es viel einfacher ist, die Mobbing-Falle zu vermeiden, als ihr zu entkommen, wenn man hineingeraten ist. Gute Beziehungen beruhen nicht darauf, besonders viel Konstruktives zu tun; sie entstehen von selbst, wenn es uns gelingt, das Destruktive zu vermeiden: den pharisäischen und den kannibalischen Narzissmus, die Häme, den Dünkel, die aus der Abwertung anderer eine trügerische Aufwertung saugen.

1. Mobbing

Mobbing ist ein Modebegriff. Wir würden ihn nicht so oft benutzen, wenn er nicht etwas erfassen könnte, was die Menschen beschäftigt. Im Alltag meinen wir mit Mobbing eigentlich jedes kränkende Verhalten, jeden Versuch, uns zu vermitteln, dass wir an diesem Platz, so wie wir sind, nicht bleiben sollten und jemand anderer besser auf ihn passen, weniger stören würde. In dem Wort schwingt mit, dass wir die Opfer eines bösen und im Grunde ungerechtfertigten Angriffs sind.

In der Verhaltensforschung war mit Mobbing die drohende, feindselige Reaktion von gruppenlebenden Tieren beschrieben worden. Krähen »mobben« die Eule oder die Katze, welche sich ihrer Nistkolonie nähert, indem sie krächzen und Drohangriffe fliegen. Hühner »mobben« das hinkende, das räudige Huhn, ähnlich wie die Kinder einer Schulklasse ihren Prügelknaben nach einem Merkmal wählen, das ihn von der Masse negativ unterscheidet – er ist besonders ungeschickt, ängstlich, hässlich usw. Zum Mobbing gehört oft das Gefühl, als Einzelner einer Übermacht ausgeliefert zu sein, was freilich durchaus subjektiv sein kann. Wer Angst verspürt, zählt jeden Feind doppelt.

Wer die Gefühlsmischungen untersucht, aus denen heraus menschliche Mobber handeln, findet die Szene aus der Tierbeobachtung durchaus triftig: Wer sein Opfer mobbt, tut das meist, weil dieses seine Erwartungen nicht erfüllt. Es sind primitive Erwartungen, nicht unbedingt niveauvoller als die des Huhns, das den hinkenden Artgenossen hackt: Gemobbte »stören«, sie »passen nicht hierher«, sie »passen nicht zu uns«, sie sollen verschwinden oder sie müssen erst passend gemacht werden. Wer mobbt, dem ist eine narzisstisch besetzte Erwartung nicht erfüllt worden, und er lässt seine Wut darüber an dem aus, welchen er damit verbindet.

Ein Beispiel ist die Gruppe junger Männer in einer Kleinstadt, die einen Vietnamesen verprügeln wollen. Viele junge Männer, welche die Störung der Kränkungsverarbeitung in der Konsumgesellschaft nicht durch kulturelle Interessen, befriedigende Liebesbeziehungen und berufliche Perspektive ausgleichen können, sind von einem tiefen narzisstischen Neid erfüllt, der sich auf jeden richtet, dem sie unterstellen, er sei entweder besser dran als sie und/oder an ihrem Elend schuld. Beide Affekte werden wenig differenziert und machen die Betroffenen zu einer knetbaren Masse in den Händen von Demagogen.

Der Vietnamese sieht auffällig aus, er erntet Blicke, die ein Durchschnittsgesicht nicht erntet. Auf dieser Grundlage eines exhibitionistischen Neides, den das Opfer vermeintlich dem Täter »antut«, indem es sich »in unserem Viertel breitmacht«, wachsen ebenso primitive Rache- und Strafimpulse.

Wenn einer der Konflikte des Berufslebens mit dem Begriff »Mobbing« angegangen wird, kann diese Begriffswahl ebenso das Problem verschleiern wie dazu beitragen, es zu klären. Wer sich gekränkt fühlt, ohne einzusehen, dass er zur Entste-

1. Mobbing

hung der Kränkung beiträgt, kann mit Hilfe des Mobbing-Begriffs seine Opferposition stärken. Ein Chef, der angesichts von Problemen mit einem Mitarbeiter diesen des Mobbings »nach oben« verdächtigt, kann eigene Führungsschwächen und Unklarheiten verbergen. Offener Kampf – im Arbeitsleben etwa schriftliche Abmahnung und Kündigung – spielt im Mobbing eher eine untergeordnete Rolle. Manchmal wird er in einem Mobbing-Kontext in einer Weise vorgenommen, die juristisch nicht aufrechtzuerhalten ist.

Zu Beginn unserer seelischen Entwicklung können wir Kränkungen nicht ohne heftige Reaktionen von Angst, Wut und Zerstörungswünschen verarbeiten. Die menschliche Kinderstube sollte ebenso wie die Schule dazu beitragen, solche primitiven Reaktionen zu neutralisieren. Eltern und Erzieher stehen von zwei Seiten unter massivem Druck: Sie sind angehalten, ihre eigenen Kränkungsreaktionen zu disziplinieren. Sie dürfen die Kinder nicht mehr schlagen, können die einzige eindeutige Überlegenheit des Erwachsenen nicht mehr ausspielen. Damit geht eine elementare Führungskompetenz verloren, die nur unter sehr günstigen Umständen angemessen ersetzt werden kann.

Manche, die sich sonst gehen lassen würden, mag das Gesetz zurückhalten. In viel zu vielen Fällen aber führen die Widersprüche zwischen dem Anspruch an eine gewaltfreie, »gute« Erziehung und den realen Ressourcen der Eltern dazu, dass sich diese von ihren Kindern zurückziehen, sich nicht mehr mit ihnen auseinandersetzen, sie den professionellen Erziehern in Kindergarten und Schule überlassen.

In diesen leeren Räumen kann sich die Fähigkeit nicht

mehr entwickeln, Kränkungen zu verarbeiten, sie als Teil des Lebens zu nehmen, sich nach ihnen wieder zu versöhnen. Es gibt immer mehr unkonzentrierte, schnell beleidigte, schnell aufgebende, steten Zuspruchs bedürftige Kinder. Auf allen pädagogischen Ebenen, von der Grundschule bis zur Universität, schwindet die früher dominante mittlere Gruppe der einigermaßen angepassten, funktionierenden, weder herausragenden noch unfähigen Zöglinge.

Extreme scheinen zuzunehmen: ein Student, der bereits während des Studiums einen Auslandsaufenthalt absolviert, sich ehrenamtlich engagiert und ein Praktikum in einem Spitzenbetrieb absolviert hat, auf der einen Seite, der demotivierte, passive, anspruchliche Dauerpraktikant auf der anderen, der mit vierzig Jahren noch immer von seinen Eltern unterstützt wird und deren Zweifel an seiner Motivation stereotyp mit dem Argument quittiert, es gehe allen so und die Eltern sollten froh sein, dass er nicht mehr so viel kiffe wie früher.

Natürlich haben sich die Zeiten geändert – und die Menschen in ihnen. Wenn Mobbing-Probleme derart zunehmen, hängt das auch damit zusammen, dass sich die Arbeitswelt verändert. In psychotherapeutischen Praxen nehmen gegenwärtig psychische Störungen aufgrund gravierender beruflicher Probleme dramatisch zu. Vor vierzig Jahren versprach ein Posten in Post, Bahn, bei Siemens oder Hoechst eine Lebensstellung in einem vielleicht einengenden, jedenfalls aber absolut verlässlichen System.

Strukturen, die zu Beginn der beruflichen Laufbahn der heute 40–50-Jährigen wie für die Ewigkeit bestimmt erschienen, funktionieren heute entweder überhaupt nicht mehr

1. Mobbing

oder unterwerfen alle, die in sie verstrickt sind, unerwarteten, oft kränkenden Anforderungen.

Solange Berufstätige angemessene Möglichkeiten haben, sich zu erholen, ihre Arbeit als sinnvoll und erfolgreich erleben, gelingt es den meisten auch, Kränkungen zu verarbeiten, Aggressionen zu neutralisieren, sich gegenseitig das für den Betriebsfrieden unentbehrliche Maß an Bestätigung zu gewähren.

Wenn diese Situation kippt und eine Organisation unter erhöhten Druck gerät, werden solche stabilisierenden Prozesse erschwert. Häufig steigern die Folgen den ohnehin bestehenden Druck noch weiter. Wenn etwa auf ein Team von einem unter Stress geratenen Leiter Druck ausgeübt wird, dann werden gerade die fähigen und unabhängigen Mitarbeiter kündigen. Die Zurückgebliebenen setzen den Leiter (und er sie) noch mehr unter Druck. So kann binnen kurzer Zeit eine bisher stabile Situation entgleisen, ohne dass die Beteiligten eine andere Ursache fassen können als das persönliche Versagen der Personen, von denen sie sich gemobbt fühlen.

Ebendiese Perspektive verhindert aber auch eine andere Lösung als Anklage und/oder Rückzug. Einen Schritt weiter kommen die Betroffenen, wenn sie herausfinden, dass ihre Kränkungsverarbeitung überlastet ist. Dazu müssen sie freilich erkennen, dass ihnen nicht nur Unrecht getan wurde, sondern dass sie auch selbst dazu beigetragen haben.

Jüngst wurde in München ein 41-jähriger Koch zu einer Haftstrafe von acht Jahren verurteilt, weil er mit einem Ausbeinmesser auf seine Frau losgegangen war und sie leicht verletzt hatte. In den Berichten verweilte die Presse genüsslich bei dem scheinbar banalen Anlass. Der Fernseher war kaputt gegangen. Der Koch attackierte seine Frau, weil sie versäumt hatte, ihn reparieren zu lassen.

Wenn narzisstisch überlastete Paare in der Therapie von einem Streit berichten, fällt es ihnen schwer, den Konflikt zu rekonstruieren. Er entspann sich »um irgendeine Kleinigkeit«. Seit Zahnpastatuben nicht mehr aus Blech, sondern aus Kunststoff hergestellt werden, ermangeln wir auch des Konflikts zwischen Frau Sorgfalt (welche die Tube von hinten aufrollt) und Herrn Schlamp (der die Tube in der Mitte eindellt). Aber es gibt genügend andere Kleinigkeiten, die in Beziehungskämpfen so wenig Kleinigkeiten bleiben dürfen, wie der Schneeball, der die Lawine auslöst und das Dorf im Tal verschüttet.

Ich muss oft an den Ausspruch einer Frau denken, deren Eltern das KZ überlebt hatten: »Bei uns zu Hause gab es keine kleinen Probleme. Es gab nur Katastrophen!«

Kleinigkeiten, die keine Kleinigkeiten sein dürfen, sind Zeichen, Symbole. Wer das richtige Zeichen hat, kann passieren, bekommt Geld, darf überleben. Das Zeichen – etwa ein Personalausweis, eine Kreditkarte – ist eine Kleinigkeit. Aber es steht für Größeres, im krassen Fall für Leben oder Tod.

Die Kleinigkeit, welche die Wutlawine in der Beziehungskiste auslöst, steht für das große Dilemma jeder Partnerschaft. Sie beginnt in der Verliebtheit mit dem Glauben, dass Mann und Frau sich verstehen, verständigen können, eine gemeinsame Sprache entweder sprechen oder – Steigerung der Seligkeit – nicht einmal benötigen, weil sie auch ohne Worte harmonieren.

1. Mobbing

Eine Sprache haben, das heißt auch, dass wir uns einig darüber sind, wie wir Kleinigkeiten definieren, wie wichtige Probleme. Wenn diese Einigkeit zerfällt, werden ein nicht funktionierender Fernseher oder eine nicht korrekt ausgedrückte Zahnpastatube ein Zeichen dafür, dass mich der Partner nicht versteht, nicht wahrnimmt, nicht respektiert, nicht liebt.

Die Phantasie, nicht (mehr) geliebt zu sein, weckt in vielen sonst vernünftigen und umgänglichen Personen die schlummernden Ungeheuer der Seelentiefe. Sie beginnen zu hassen und zu hetzen, sie drohen mit Gewalt und setzen diese Drohungen manchmal auch um. Es hilft wenig, in einer solchen Situation zu erklären, dass die Kleinigkeit den Wutausbruch nicht rechtfertigt. Dadurch wird die Wut noch gesteigert, denn neben dem Leid, sich ungeliebt und abgelehnt zu fühlen, wächst jetzt auch noch die Kränkung. Da hält der Mensch, der mir Liebe versprochen hat, mich doch jetzt tatsächlich für zu dumm, das Wichtige vom Unwichtigen zu unterscheiden!

In der modernen Gesellschaft probieren Individuen oft mit besonderer Leidenschaft gerade jene Liebesverhältnisse, von denen ihnen ihre Eltern und Großeltern abraten würden. Daher ist eine gemeinsame Sprache nicht leicht zu finden. Wir müssen zu den Hinter- und Abgründen des Partners jene Mischung aus Neugier und Toleranz für eigene Unwissenheit entwickeln, die den anthropologischen Forscher auszeichnet, der eine fremde Kultur verstehen will.

Dann stellt sich zum Beispiel heraus, dass für einen türkischen Mann das Kopftuch nicht die Kleinigkeit ist, welche seine deutsche Freundin bisher darin gesehen hat. Und während wir für solche Problemfälle durch intensive öffentliche Diskussionen vorbereitet sind, wissen wir keineswegs, ob wir nicht in zahllosen anderen Fällen bereits Fehler gemacht haben, deren Kränkungspotenzial durchaus dem Vorwurf entspricht, der Nachbar jüdischen Glaubens sei ein Spielverderber, weil er nicht von unserem Schweinebraten essen mag.

Unwissenheit einzugestehen, forschend zu fragen, eigene Werturteile aufzuschieben und (für uns) »normales« Verhalten nicht zu erzwingen, das erfordert ein gesundes Selbstbewusstsein, das auch einmal auf schnelle Erfolgserlebnisse verzichten kann. Genau dieses Selbstbewusstsein finden wir in unseren Liebesbeziehungen umso weniger bestätigt, je mehr wir von ihnen die umfassende Harmonie erwarten und die kleine Ignoranz des Partners zur großen Lieblosigkeit aufblähen. Das gute Gewissen, welches Partner oft zu empfinden scheinen, wenn sie ihre Kreuzzüge gegen Kleinigkeiten führen (»du weißt doch genau, dass ich das nicht ertragen kann, und doch …«), hängt mit der Vorstellung zusammen, dass hohe Ziele niedrige Mittel rechtfertigen. Es geht mir ja nur um unsere Liebe, unsere Harmonie, die ungestört sein wird, wenn du endlich diesen winzigen Fehler abgelegt hast. Das kostet dich doch keine Mühe, während ich extrem zu leiden entschlossen bin, wenn du an ihm festhältst.

Hier ist die Entscheidung gegen den Forscher und zugunsten des Missionars gefallen. Und dieser Missionar ist überzeugt, für den Ketzer sei der Scheiterhaufen gesünder als sein Beharren im Irrtum.

Partner verhalten sich ganz ähnlich wie Personen, welche im Arbeitsleben Kränkungen nicht verarbeiten können. Vergleiche mit verwandten Situationen werfen ein neues Licht auf verfahrene zwischenmenschliche Konflikte. Ein Paar, das in seinen Vorstellungen von gemeinsamer Liebe und gemeinsamer Harmonie gescheitert ist und sich wechselseitig Liebesversagen vorwirft, ist oft sehr entlastet, wenn es sich aus dieser Sackgasse befreien und seine Probleme so betrachten kann, als seien sie denen eines Managers vergleichbar, der Mitarbeiter führen muss.

2. Systeme unter Stress

Begrenzte Konflikte, die Handeln anregen und nicht durch Entwertungsgefühle des Handelnden blockieren, sind ein zentrales Thema in der Entwicklung beruflicher Kompetenz. Wer professionell handelt, ist nicht auf Erfolg angewiesen. Er fühlt sich nicht als Versager, wenn er scheitert, sondern nur dann, wenn er nicht das professionell Mögliche getan hat. In allen Institutionen, in denen Ideale (wie das, ein »guter Mensch« zu sein) verwirklicht werden sollen, sind professionelle Entwicklungen erschwert. Die Einsicht in die Tiefe der Konsequenzen des eigenen Handelns, die zur Professionalität gehört, wird durch den Zwang blockiert, seine Tätigkeit an emotional fundierten Idealisierungen auszurichten. Wer sich in die Dynamik solcher Szenen vertieft, erkennt bald, dass psychologische und organisatorische Einflüsse verwoben sind. Sie schaffen dann historische Bedingungen, die ihrerseits das Arbeitsklima prägen und weder durch neue Organisationsformen noch durch Psychotherapie allein behoben werden können.

Jeder Berufsanfänger benötigt günstige Bedingungen, um seine Professionalität zu entwickeln. Er ist darauf umso mehr angewiesen, je schwächer sein Selbstvertrauen entwickelt ist. Wer genügend Selbstvertrauen besitzt, hat es erheblich leich-

2. Systeme unter Stress

ter, sich einzugestehen, dass er sich nicht wohlfühlt, dass seine negativen Gefühle berechtigt sind, dass er sie ernst nehmen und versuchen darf, einen Ausweg zu finden.

Wer hingegen schon von sich weiß oder ahnt, dass er sehr schnell beleidigt ist, wer schon oft erfahren hat, dass seine Kränkung ein schlechter Ratgeber ist, weil er sie übertreibt und oft aus nichtigem Anlass von ihr überfallen wird, der wird lange zögern, diese Gefühle in Handeln umzusetzen.

Er klammert sich an sein vermeintliches Recht und fürchtet, es überall, wohin er gehen könnte, noch schlechter zu haben. Hier, wo er sich gekränkt fühlt, kennt er den Umfang und die Art der Kränkungen. Er kann sie einordnen und aushalten. In einer neuen Beziehung hofft er nicht auf Erlösung, sondern fürchtet schlimmere Verfolgung.

Um solche Entwicklungen zu verstehen, finde ich eine psychoanalytische Perspektive sehr hilfreich. Denn sie konzipiert im Projektionsbegriff die Erwartung, von der Umwelt so behandelt zu werden, wie man selbst sie behandelt. Wer sich gemobbt fühlt, wird oft trotz tiefster Kränkungen ausharren. Er kann sich nicht trennen, weil er unter heftigen Ängsten leidet, dass ihm ein neuer Partner mit genau den Gefühlen begegnen wird, die er selbst gegen den bisherigen empfindet. Wer voller Hass unermüdlich liebevollere und rücksichtsvollere Behandlung von Personen einklagt, die er nicht leiden kann, fürchtet in einer neuen Beziehung diesen Hass.

Die praktische Folgerung aus diesen Einsichten überrascht, aber sie bewährt sich in der Praxis durchaus: Wenn ein Chef einen Mitarbeiter loswerden will, kann es die dümmste und am wenigsten effektive Strategie sein, diesen zu mobben. Im Gegenteil: Wenn er ihn gut behandelt, ihn aufbaut, ihm Perspektiven zeigt, sind die Chancen viel größer, dass der Mitarbeiter geht.

Diese Dynamik ist in Familien bekannt. Wenn ein Kind aus einer Geschwisterreihe lange zu Hause wohnt und besonders eng an die Eltern gebunden scheint, können wir beinahe sicher sein, dass es nicht das Kind ist, welches von den Eltern die meiste Anerkennung erfahren hat.

Sieben Thesen zum Mobbing in der Liebe

1. Mobbing ergibt sich aus einem Übermaß an Abhängigkeit
2. Die Abhängigkeit führt zu Illusionsbildung (»Du weißt doch genau, was ich will – und tust es nicht!«)
3. Häufig versuchen Paare, durch Rückzug Mobbing zu vermeiden.
4. Der Partner mit den besseren beruflichen Rückzugsmöglichkeiten erklärt sich zum Mobbing-Opfer und zementiert dadurch eine Entwicklungsblockade. (»Da komm ich todmüde von der Arbeit nach Hause, und du bist nur unzufrieden und nörgelst an mir herum!«)
5. Kinder werden in das Mobbing hineingezogen, entweder als spezielle Rückzugsmöglichkeit oder aber als Bundesgenossen. (»Wenn ich unserem Sohn klarmachen will, dass er als Weichling im Leben nicht zurechtkommen wird, fällst du mir in den Rücken und verziehst ihn!«)

2. Systeme unter Stress

6. Mobbing-Gefährdete ziehen sich an. Sie sehnen sich nach Harmonie, welche während der Illusionsphase dem Partner zugesichert wurde. (»Ich werde für deine Kinder aus erster Ehe besser sorgen als ihre leibliche Mutter!«)
7. Erhöhte Gefährdung für das Mobbing in der Liebe beruht auf:
   7. 1. Überlastungen der Kränkungsverarbeitung in Kindheit und Jugend (Scheidungsfamilie, ein suchtkranker Elternteil, Migrationsschicksal, traumatische Erfahrungen mit Eltern oder Angehörigen).
   7. 2. Kompensation dieser frühen Verletzungen durch ausgeprägtes Leistungsverhalten und Perfektionismus, verbunden mit Illusionen über die Macht eigenen Bemühens. (»Ich werde in jedem Fall eine bessere Ehe führen als meine Eltern!«)
   7. 3. Störungen in der Aggressionsverarbeitung. (»Ich komme mit allen Menschen bestens aus, aber wenn jemand ein Versprechen nicht hält, ist er für mich gestorben!«)
   7. 4. Einfühlungsmängeln, welche durch eine starre Abwehr kindlicher, regressiver Bedürfnisse entstehen (»schließlich bin ich nicht dein Kindermädchen!«).
   7. 5. Unfähigkeit, die Schwächen des Partners wahrzunehmen und/oder sie zu akzeptieren. (»Du hast mir doch versprochen, immer freundlich und aufmerksam zu sein!«)

Wer über sein Mobbing-Erleben spricht, fühlt sich als Opfer ungerechtfertigter Aggression. Die populäre Verwendung des Mobbing-Begriffs vor Arbeitsgerichten, in der therapeutischen Praxis, aber auch in der betriebswirtschaftlichen Literatur und in den Fortbildungen für Führungskräfte krankt manchmal daran, dass dieser Opfer-Standpunkt übernommen wird. Die Erklärungen und auch die Gegenmaßnahmen fixieren sich auf Täter als Verursacher.

Eine vollständige Untersuchung kann hingegen die Bedürfnisse der Opfer und ihre Verstrickungen mit den Tätern nicht ignorieren. Hier spielt die Sehnsucht nach einer aggressionsfreien Welt eine Rolle, in der Wehrhaftigkeit böse ist und eigene Wut-Affekte nicht erlebt, sondern projiziert werden. Die reale Bosheit des Täters verfilzt sich mit der ihm vorwurfsvoll unterstellten Bosheit. Das Opfer ist Lamm unter Wölfen. Diese werden umso reißender, je unschuldiger es sich selbst zu machen strebt.

So scheint die für eine Paartherapie charakteristische Mobbing-Situation für die Analyse des Mobbing-Vorwurfs in Organisationen durchaus fruchtbar. Jeder der Kontrahenten behauptet, von seinem Gegenüber schlecht behandelt zu werden.

Diese Dynamik führt zu enormen Anstrengungen, den Partner zu überzeugen, in denen der Zweck die Mittel heiligt (im Erleben der Mobber) und entwertet (im Erleben der Gemobbten). Es ist ein Versuch, durch Selbstbestrafung und die Verweigerung von Lust, Entspannung und Anerkennung Veränderungen zu erzwingen. Es ist schwarze Pädagogik, vergleichbar jener, die das Kind zwingt, die Rute zu küssen und dem Peiniger zu danken, dass er es auf den rechten Weg bringt. Aber es ist – anders als die schwarze Pädagogik als Institution – kein Willkürakt, den der Mobber ohne Mühe auch unterlassen könnte. Es ist Ausdruck innerer Not, großer Schwäche, Hilflosigkeit, zugleich ein Aufbäumen gegen die mit solchen Erlebnissen verbundene Abhängigkeit und Verlustangst. Soll die Beziehung, soll der Partner, soll auch ich zum Teufel gehen, ich gebe nicht auf, ich lasse nicht locker.

3. Pädagogik der Rache

Robert und Hella

Robert und Hella kommen in eine Paartherapie. Er ist Beamter im gehobenen Dienst, sie Fachärztin. Beide sind kinderlos, waren schon einmal verheiratet und lebten nach der Scheidung einige Jahre allein. Sie haben sich über eine Internet-Kontaktbörse kennengelernt und sind vor drei Jahren zusammengezogen.

Zum fünften Paartermin an einem Donnerstagabend bringt Hella eine Graphik mit, die Robert während einer Auseinandersetzung gezeichnet hat. Sie stellt auf einem Querformat die Intensität der sexuellen Beziehung von Hella und Robert dar: links ein Gipfel mit einem leicht abfallenden Plateau, von dem aus sich eine gestrichelte Linie weiter sanft nach oben zieht. Unten sind die Jahre eingetragen, die sie zusammen sind.

Das »reale« Plateau endet in einem jähen Absturz, der mit dem Datum markiert ist, an dem Robert in Hellas von deren Eltern ererbtes Haus eingezogen ist. Nach diesem Absturz kümmert die Beziehung nur etwas über einer Null-Linie, aus der sich nach einem weiteren Jahr ein warzenförmiges Gipfelchen erhebt, das zu einer vollständigen Null-Linie abstürzt.

27

3. Pädagogik der Rache

Ganz am rechten Rand des Blattes steigt die Linie wieder zaghaft in einem rechten Winkel an: Nach über einem Jahr gegenseitiger sexueller Verweigerung haben Hella und Robert wieder einen Versuch miteinander gemacht, nachdem in der Therapie ihre wechselseitigen Verweigerungen untersucht wurden.

An diesem Abend dreht sich das Gespräch um zwei Themen: einen aktuellen »kleinen« Konflikt und die sexuelle Distanz, die sich in dieser Graphik ausdrückt. Robert hätte sie nicht mitgebracht, aber Hella zieht sie aus ihrer Tasche und wirbt ein wenig um Verständnis dafür, wie kränkend es doch sei, sich mit seinen erotischen Gefühlen auf einer solchen Fieberkurve vorzufinden.

Hella ist eine zarte Brünette, deren aufrechte Haltung und federnder Gang verraten, dass sie lange Zeit Ballettunterricht genommen hat. Sie hält sich zurück, wirkt immer eifrig, manchmal verängstigt, sucht nach dem Einverständnis mit dem Therapeuten. Gelegentlich blitzt eine durchsetzungfähige und energische Seite auf. Robert ist schwerfälliger, er wiederholt sich oft, kann sich aber in Rage reden, so dass der Therapeut etwas von der häuslichen Stimmung ahnt, die laut Hella (»übertrieben«, sagt Robert) durch Roberts Wutausbrüche und schlechte Laune getrübt sei. Wenn er ihr dasselbe freundlich sagen könne, sei es doch nie ein Problem! Robert kontert damit, dass es dann ständig Streit gäbe, er aber Ruhe und Frieden wolle, deshalb lange Zeit auf jede Laune, jeden Wunsch von Hella eingehe, bis es ihm wirklich zu viel sei und er aus der Haut fahre.

Die »Kleinigkeit« sah so aus: An einem warmen Sommerabend saß Robert in der Dämmerung bei geöffneten Fenstern und Terrassentüren vor seinem Laptop und las. Hella war auf einer Fortbildungsveranstaltung, er hatte das Wohnzimmer ganz für sich.

Während Hella helles Licht vorzieht und deshalb auch die Türen schließen muss, damit nicht zu viele Insekten aus dem Garten in das Zimmer fliegen, liebt Robert solche ruhigen Abende in der Dämmerung und genießt die Abkühlung durch das offene Fenster.

Hella kommt nach Hause, findet das Haus dunkel, kommt durch den Garten in das Wohnzimmer, schaltet das Licht ein, schließt die Türen und fragt Robert, warum er denn hier im Dunkeln sitze.

Robert unterdrückt seine Wut, erklärt, er wolle jetzt den Artikel noch fertiglesen, er brauche kein Licht, um am Computer zu lesen. Hella ist pikiert – hat er denn nie Zeit für ein gemeinsames Gespräch? Sie wollen doch freundlich miteinander umgehen, seit sie beschlossen haben, es wieder zu versuchen mit einer gemeinsamen Sexualität. Warum nur ist Robert so muffig, so zurückgezogen?

Robert hingegen empfindet Hellas Verhalten als Übergriff, als Rücksichtslosigkeit, als das genaue Gegenteil dessen, was verabredet war. Warum überfällt sie ihn, respektiert nicht, wie er es sich gemütlich gemacht hat, zwingt ihm ihre Prioritäten auf, ignoriert seine?

Wer solche Situationen betrachtet, wird je nach persönlicher Vorliebe für Robert oder für Hella Partei ergreifen und den jeweiligen Kontrahenten für überempfindlich erklären. Oder aber er wird beiden diesen Vorwurf machen. Keiner

3. Pädagogik der Rache

entwickelt Sensibilität für das Verhalten des anderen, fordert aber von diesem Verständnis und Einsicht.

Eine solche Betrachtungsweise impliziert häufig, dass Robert und Hella »eigentlich« kein Problem haben, zumindest keines, das ernst genommen werden muss. Gar nicht selten teilen die Paare dieses Urteil, sie werfen sich vor, dass aus nichtigem Anlass, wegen blöder Kleinigkeiten, Streit ausbricht und Eiszeit einkehrt.

Diese Sicht bringt kein Paar einer Lösung näher; sie ist Ausdruck des Problems. Sie verleugnet, dass es sich bei der menschlichen Kränkbarkeit um eine wesentliche, tief in der Lebensgeschichte verwurzelte Eigenschaft handelt, die sich Willensakten selten fügt und guten Vorsätzen besser widersteht als das Mausen der Katze. Wir überwinden eigene Kränkungen ebenso schwer, wie es uns auf der anderen Seite leichtfällt, Kränkungen eines Partners zu ignorieren. Das habe ich nicht gewusst, daran habe ich nicht gedacht – das hättest du wissen müssen, das habe ich dir gesagt!

Solche Sätze zeigen, dass sich der Dialog der Partner in diesem verminten Gebiet bewegt: Wenn Robert Hella nicht kennen würde und sie nicht ihn, dann wäre es eine harmlose Irritation, wenn sie in das Zimmer käme, die Tür schließen, das Licht anschalten würde. Es wäre ihre Marotte, er würde ihr die seine erklären, kein weiterer Affekt würde vergeudet.

Aber da Robert von Hella Einfühlung erwartet, weil er überzeugt ist, er hätte ihr schon genau erklärt, was seine Bedürfnisse seien und wie viel Rücksicht auf sie er wünscht, ist ihr rücksichtsloses Verhalten ein Zeichen dafür, dass er ihr egal ist, dass sie in jedem Fall zuerst an sich denkt, dass sie ihn nicht liebt und er vor der Entscheidung steht, sie in alle Zukunft auf seiner Seele herumtrampeln zu lassen oder sich von ihr zu trennen, alle Hoffnungen aufzugeben, die er in diese Beziehung gesteckt hat, der er seine eigene Wohnung geopfert und an der er schon drei lange Jahre festgehalten hat, immer in der Hoffnung, endlich doch verstanden, endlich doch mit der gleichen Rücksicht behandelt zu werden, die ihm selbstverständlich ist.

Hella hingegen hat sich nichts gedacht. Sie hat nicht gesehen, wo er war, sie hat sich so verhalten, wie sie es immer tut, wenn sie nach Hause kommt, und es ist schließlich ihr Haus, in das Robert eingezogen ist – soll sie jetzt immer lange überlegen, was diesem komplizierten Mann in den Kram passt, wenn sie müde heimkommt? Sie meint es ja nicht böse, sie hätte das Licht sofort ausgeschaltet, die Tür aufgemacht, ihn weiter auf den blöden Bildschirm schauen lassen, wenn er einen Ton gesagt hätte. Aber er sagt ja nichts, er zieht sich zurück, er muffelt, er ist grob und kalt und behandelt sie wie ein Stück Dreck, und wenn sie dann weint, weil sie kein bisschen Zärtlichkeit bekommt, fragt er nur, ob sie denn nicht bemerke, wie sehr sie sich selbst demontiere.

Normalerweise geht dann kein Gespräch weiter. Beide ziehen sich voneinander zurück, begegnen sich einige Tage mit formaler Höflichkeit, sind sehr beschäftigt, am Wochenende machen sie vielleicht wieder etwas zusammen. Wenn Robert sich dann bemüht, freundlich zu sein, kommen sie sich wieder näher, aber nach einer solchen Kränkung kann Hella beim besten Willen nicht mit ihm schlafen, wenn er am Abend einen Schritt über einen vorsichtigen Gutenachtkuss

3. Pädagogik der Rache

hinausgehen möchte. Dann geht Robert sofort aus ihrem Schlafzimmer und besucht später die Porno-Seiten im Internet, während Hella noch ein gutes Buch liest und nach zehn Seiten einschläft. Morgen ist ein anstrengender Arbeitstag. Ob die Beziehung etwas taugt oder nicht, werden sie schon noch herausfinden. Gegenwärtig fühlt sich jeder zu kraftlos, eine Entscheidung zu treffen, zu unattraktiv, um sich einem anderen Partner als einem virtuellen zuzumuten.

Diese Skizze zeigt, wie sinnvoll der Mobbing-Begriff angesichts eines Paarkonfliktes ist. Auf der einen Seite geht es darum, dass sich Robert und Hella nicht in ihrer jeweiligen Andersartigkeit annehmen können. Sie verbinden die Perspektive der »Beziehung«, in der sie »gemeinsam alt werden wollen«, mit einer Illusion von wortlosem, streitlosem Einverständnis. Was einmal mitgeteilt wurde, muss sich der »richtige« Partner gemerkt haben. Hat er es nicht getan, ist er nicht richtig. Wenn er richtig ist, muss er doch seine Eigenheiten aufgeben, um meinen Eigenheiten entgegenzukommen.

Wenn ihm das misslingt, muss ich mich zurückziehen und/oder versuchen, mit allen Mitteln meine Sicht durchzusetzen. Da die Beziehung zuerst versprochen hat, ganz gut zu sein und so zu funktionieren, wie man das von einer wirklich guten Beziehung erwartet, fühle ich mich wertlos und vernichtet, wenn ich bemerke, dass ich diesen Menschen, der mich so beleidigt hat, nicht mehr lieben kann. Daran kann nicht ich schuld sein, der nur das Beste gewollt hat. Die Schuld liegt auf der anderen Seite.

Aber wie konnte ich mich so irren? Warum stößt das gerade mir zu? So elend, wie ich mich gegenwärtig fühle, kann ich keine neuen Beziehungen knüpfen, kein Vertrauen aufbauen, dass ich es mit einer anderen Frau/einem anderen Mann besser treffen werde. Die Person, die an meinem Elend schuld ist, muss es mit mir aushalten. Vielleicht kapiert sie endlich, was sie falsch gemacht hat, vielleicht fällt ihr ein, was zu tun ist, um die Beziehung zu reparieren, schließlich hat sie sie kaputt gemacht.

Ein Mobbing-Opfer wird oft durch den Schaden gelähmt, der an seinem Selbstgefühl entstanden ist. Das gilt besonders dann, wenn intensive Erwartungen enttäuscht wurden. Bereits im Arbeitsleben können wir beobachten, dass sich jene Mitarbeiter besonders arg gemobbt fühlen, die sich in einer früheren Phase ihrer Beziehung zum Arbeitgeber oder zu den Kollegen mit höchstem Einsatz bemühten, Überoptimales zu leisten. Jetzt bleiben sie durch Erwartungen von Dankbarkeit an einen Platz gefesselt, den sie unerträglich finden.

Bei nüchternem Überlegen würden sie jederzeit zugestehen, dass ihre Hoffnungen unsinnig sind und der Druck ihrer gesammelten Erwartungen eine vorwurfsvolle Stimmung erzeugt, welche ihre Kollegen in Distanz bringt und ihre Vorgesetzten verärgert. Aber sie haben nicht mehr die Kraft, von ihren Hoffnungen zu lassen und sich neu zu orientieren.

Diese Dynamik ist in Liebesbeziehungen noch erheblich stärker ausgeprägt. Die geprügelte Frau, welche lieber zu ihrem Peiniger zurückkehrt, als sich von ihm zu befreien oder eine andere Beziehung zu riskieren, ist bereits ein Klischee der Vorabendserien geworden. Aber die Mitarbeiterinnen in den Zufluchtsstätten für solche Gewaltopfer verzweifeln oft

Karl und Silvia

Während in der Einzelanalyse oft viele Jahre Begleitung in narzisstischen Krisen notwendig sind, um eine sonst nicht zu einem selbstständigen Leben fähige Person zu stabilisieren und ihr eine Entwicklung zu ermöglichen, geht es in der Paartherapie darum, die Selbstregulation des Paares zu aktivieren. Wenn das nicht gelingt, führt eine Langzeit-Paartherapie eher dazu, einen für alle Beteiligten unbefriedigenden Zustand zu komplizieren, als dem Paar weiterzuhelfen, das durch die chronische Anwesenheit eines Dritten irritiert wird und Regulationskräfte einbüßt.

Obwohl er nicht mit ihnen rechnet, erlebt auch der Analytiker in der Paartherapie manchmal so etwas wie eine Wunderheilung. Diese hängt damit zusammen, dass ein Paar seine Selbstregulation neu definieren kann, was bei klugen und energischen Menschen überraschend schnell geht und dann eine positive Entwicklung einleitet, welche den Therapeuten rasch entbehrlich macht. Ein Beispiel, das auch ein Licht auf die Mobbing-Dynamik in einer Liebesbeziehung wirft.

Karl und Silvia sind beide Unternehmensberater. Karl ist ein energischer, kompakter Mann mit braunen Augen, kurzen dunklen Haaren und rascher Auffassung. Er spricht laut, beginnt das Gespräch, schildert den Konflikt, wobei er seine »Ausraster« einerseits für völlig unangemessen erklärt, denn er liebe Silvia und könne sich keine bessere Frau vorstellen, andererseits damit rechtfertigt, er habe eben ein cholerisches Temperament und fahre auch im Beruf aus der Haut, wenn jemand einen Fehler mache.

Silvia ist dunkelblond, sie hält sich gerade und etwas steif, spricht leise, aber sehr differenziert und korrekt. Karl ist erfolgreich, ohne davon viel Aufhebens zu machen; er tritt leger und eher studentisch auf, obwohl er vor zwei Jahren zum Partner in einer hochspezialisierten Gesellschaft aufgestiegen ist.

Silvia hat nach einem brillanten Karrierestart beschlossen, das Angebot eines Professors anzunehmen, bei ihm zu promovieren. Sie arbeitet viel zu Hause.

Sie kommen beide in deutlich angespanntem Zustand zum ersten Termin. Karl berichtet, dass sie über Kleinigkeiten derart in Streit geraten, dass er die Scheidung androhe und Silvia sage, wenn er gehen wolle, solle er nicht damit warten. Glücklicherweise habe er es sich immer über Nacht wieder überlegt und sei dann doch geblieben, und irgendwann könne er sich dann entschuldigen und es gehe wieder weiter. Er schildert einen typischen Konflikt.

Karl kommt gestresst von der Arbeit nach Hause. Silvia hat geplant, über das Wochenende aufs Land zu fahren. Vorher müssen noch die reparierten Skier abgeholt werden. Karl hat sie auf dem Nachhauseweg vor einigen Wochen in dem Sportgeschäft vorbeigebracht; an den Weg von der Wohnung aus kann er sich nicht erinnern.

Karl setzt sich hinters Steuer und sagt, er wisse den Weg nicht, er fahre überall hin, wohin ihn Silvia lenke. Silvia sagt,

3. Pädagogik der Rache

er sei doch als Student Taxi gefahren, er müsse den Weg kennen. Karl behauptet, er habe das alles vergessen, er wolle jetzt nichts entscheiden und nichts organisieren, sie solle ihn lotsen. Silvia tut das auf ihre ordentliche und genaue Art. Sie bittet ihn, langsam zu fahren, damit sie keine Abzweigung verpasst.

Karl fährt zügig in die falsche Richtung. Silvia erklärt ihm – er erlebt es als scharf –, er hätte weiter vorne nach rechts fahren müssen. Karl sagt verärgert, sie solle ihm nur sagen, wo es langgehe, ein solcher Fehler sei doch der Rede nicht wert, sie solle sagen, wie er fahren solle, basta, und aufhören, ihn moralisch zu belehren. Silvia sagt, er solle sie nicht anschreien, Karl schreit, sie habe ihm das Wochenende verdorben mit ihrer Art. Silvia weint. »Wenn das so weitergeht, ist unsere Ehe ein Fiasko!«, schreit Karl. Er lässt das Auto stehen, schlägt die Tür zu und läuft davon.

Da Karl sich als Problemträger vorstellt, dreht sich das Gespräch um seine Überempfindlichkeit auf Silvias kritischen, gouvernantenhaften Ton, um ihre Art, ihn auflaufen zu lassen und ihm dann unerträgliche Schuldgefühle zu machen, wenn er sich doch nur wehren wolle. Er kann die Deutung annehmen, dass er durch seine cholerische Szene versuche, Silvia zu erziehen, ihr ein für alle Male mit allen ihm verfügbaren Mitteln an Nachdruck und Emotion klarzumachen, dass sie nicht so sein darf, wie sie in solchen Szenen ist. Nachdem deutlich geworden ist, dass Karl gut mit Ironie umgehen kann, sagt der Therapeut abschließend, es sei ihm klar, dass sich in einer Paartherapie jeder Klient die Veränderung des Partners am meisten wünsche. Er müsse hier aber leider seine Ohnmacht

Karl und Silvia

bekennen. Er könne nur dazu beitragen, dass jeder versuche, sich selbst zu verändern und nicht den anderen. Erwachsene seien nun einmal schwer erziehbar. Ob sie unter dieser Einschränkung mit ihm arbeiten wollten? Es sich noch mal überlegen und in einigen Tagen anrufen?

»Wozu überlegen?«, sagt Karl; Silvia nickt, beide machen Termine für das Einzelvorgespräch und für die nächste gemeinsame Sitzung aus.

Im Gespräch mit Karl stellt sich heraus, dass er mit einem extrem negativen Vaterbild aufgewachsen ist. Sein Vater war Alkoholiker, der die Mutter – eine Lehrerin – schlug, welche sich schließlich trennte. Er hat nie etwas für den Unterhalt der Familie bezahlt. Als Karl Examen machte, rief der Vater an und wollte ihm gratulieren. Karl sagte: »Sie sind nicht mein Vater, mein Vater ist schon lange gestorben!«, und legte den Hörer auf.

Wir reden über das, was Karl vom Vater weiß; schließlich hat ihn die Mutter einmal geheiratet und muss damals ja noch an Gutes in ihm geglaubt haben. Karl erinnert sich, dass ihm eine Tante einmal erzählt hat, sein Vater sei ein gut aussehender Mann gewesen, ein Spieler und Frauenheld, wahrscheinlich der Mutter geistig nicht gewachsen. Karl kann annehmen, dass seine rastlose und perfektionistische Arbeitswut vielleicht mit diesem Mangel an einem guten Vaterbild zusammenhängt. Er möchte, seit er mit Silvia zusammen ist, auch weniger arbeiten. Er schafft es nur nicht, denn es ist unmöglich, einen Mitarbeiter zu finden, der ihn entlasten könnte.

Wieder versucht der Therapeut ihm zu erklären, dass Liebesbeziehungen eine gefährliche Sehnsucht nach Vollkommenheit bei den Menschen wecken können, die in ihrer Kindheit heftige Belastungen und Verluste verarbeiten mussten, dass aber die Vernunft verlange, einen Partner so zu nehmen, wie er ist, und Energie zehrende Versuche zu vermeiden, ihn so zu verändern, dass er perfekt passe. Karl verabschiedet sich mit der Bemerkung, heute habe er mehr über seinen Vater geredet als all die Jahre bisher. Und er wundere sich, wie leicht ihm das gefallen sei.

Silvia kommt aus einer Handwerkerfamilie, die von dem ehrgeizigen, tüchtigen und sehr am Aufstieg seiner beiden Töchter interessierten Vater dominiert wurde. Die Mutter erlebte Silvia immer als abhängig, ängstlich, klammernd, sie war Hausfrau und konzentrierte sich auf die Kinder, wollte diese nicht loslassen, es gab so viel Streit, dass Silvia schon mit sechzehn Jahren auszog. Der Vater unterstützte sie darin, weil er die Zuverlässigkeit und Sorgfalt seiner Tochter erkannte. Silvia band sich eng an einen unzuverlässigen Freund, der keine Verantwortung für Kinder übernehmen wollte; von ihm trennte sie sich erst, als Karl sich in sie verliebt hatte und stürmisch um sie warb.

Silvia kann eine Deutung annehmen, in der ihr Rückzug und ihre von Karl als lieblos und gouvernantenhaft erlebter Ton damit verknüpft werden, dass sie zwar eine erfolgreiche Tochter und eine tüchtige Partnerin sei, aber aufgrund der mangelhaften Identifizierung mit ihrer Mutter vielleicht nicht erkenne, wie sehr Karl auf ein mütterliches Element angewiesen sei. Wenn sie ihm das entziehe, regrediere er offensichtlich auf das Stadium eines trotzigen Kindes und wolle lieber

Karl und Silvia

die Welt kaputtschlagen als nachgeben. Er könne sie in solchen Situationen nicht als liebevolle Frau wahrnehmen, sondern als nur böse, kritische Mutter; vielleicht gehe sie einfach davon aus, dass alle Männer Konflikte so souverän und sachlich handhaben könnten wie ihr Vater, dessen bewundertes Bild sie über die Grenzen und das Versagen der Mutter getröstet habe.

»Ich weiß nicht, was Sie mit meiner Frau gemacht oder ihr gesagt haben«, sagte Karl im zweiten Paargespräch, das aufgrund seiner Termine im Ausland erst vier Wochen später stattfand. »Jedenfalls haben wir uns nicht mehr gestritten. Sie haben mir beigebracht, dass es sinnlos ist, den anderen zu erziehen. Jetzt versuche ich, Silvia zu nehmen, wie sie ist. Aber sie ist auch viel ruhiger geworden und nörgelt nicht mehr, ich glaube, wir merken es jetzt beide eher, wenn wir in gefährliches Gebiet kommen.« »Aber du hast auch keinen Ausbruch mehr gehabt!«, sagte Silvia.

»Neulich waren wir dicht dran«, sagte Karl. »Das war, als ich sagte, dass es vielleicht doch nicht klappt mit dem Urlaub nächste Woche!«

»Das wäre aber auch schlimm«, sagte Silvia. »Ich habe mich so darauf gefreut. Und es würde dir guttun.«

»Das weiß ich doch selber. Und ich will auch weniger arbeiten. Aber es gibt eben Situationen, da geht es nicht anders, der Kunde ist König, und wenn ich ihn verliere, kann ich das so schnell nicht wiedergutmachen.«

»Ich denke, Silvia sollte lieber ihre Freizeit genießen, als zu versuchen, Karl dazu zu bewegen, weniger zu arbeiten. Er weiß ja selbst, dass es ihm zu viel ist, und vielleicht wächst dann seine Lust, auch mal etwas weniger als tausend Prozent abzuliefern«, sagt der Therapeut zum Abschied.

Mobbing als Rache

Man kann Mobbing nicht verstehen, wenn man den Aspekt der Rache übersieht, der gerade in dem Manöver steckt, welches ich den pädagogischen Masochismus nenne. Wer sich sexuell verweigert, weil sein Partner ihn gekränkt hat, nimmt ja nicht nur dem »Feind«, sondern auch sich selbst die Möglichkeit einer Befriedigung. Er tut das, weil er überzeugt ist, die »zu schnelle« Versöhnung würde dem Gegner signalisieren, dass »nicht schlimm« war, was er getan hat.

Die Analyse der Rache zeigt, wie stark wir unser Selbstgefühl von Symbolen abhängig machen und wie rasch es zu zerbrechen droht, wenn die Symbole »falsch« sind.

Ich habe einmal ein Paar beraten, das in eine tiefe Krise geraten war, weil der Ehemann beim Entrümpeln einen Packen alter Liebesbriefe gefunden hatte, die zu einer Liebschaft gehörten, von der er bisher nichts gewusst hatte. Seine Frau hatte die Briefe längst vergessen und seit zwanzig Jahren auch nicht mehr an den gedacht, der sie geschrieben hatte. Sie erkannte ihren sonst freundlichen, geduldigen, sexuell schon lange kaum mehr interessierten Mann nicht wieder – er wollte plötzlich über ihr Liebesleben diskutieren und immer wieder mit ihr schlafen, erwachte im Morgengrauen und peinigte sie mit Fragen, die sie meinte, längst beantwortet zu haben. Der Arzt hatte Bluthochdruck festgestellt, er weigerte sich, ihn behandeln zu lassen; es geschehe ihr recht, wenn er draufgehe.

Rache ist eine unheimliche Emotion. Sie erhebt sich wie eine Stichflamme aus scheinbar nichtigem Anlass oder wuchert verborgen, bis nach ausdauernder Jagd ein Opfer zur Strecke gebracht wird, das den Anlass längst aus den Augen verloren hat.

Um diese Gefahr wussten schon die Autoren der Bibel: Das Gesetz »Auge um Auge, Zahn um Zahn« versucht, Rache zu begrenzen, sie in einen Austausch zu verwandeln.

Rachegefühle werden ausgelöst, wenn uns Unrecht geschieht. Wir erleben sozusagen einen Fehler in der Wirklichkeit, den wir weder ertragen noch verleugnen können. Wo ein Mensch nicht verletzt wurde, wird er sich nicht rächen. Rache hängt mit seelischen Qualitäten zusammen, die man früher Ehre oder Stolz – in China »Gesicht« – nannte und heute unter dem Begriff des Narzissmus erforscht.

Die Radikalität und Herzlosigkeit der Rache wurzelt darin, dass ein Mensch in seinen seelischen Grundfesten erschüttert wurde. Er hat etwas verloren oder nicht gewonnen, das für sein Gleichgewicht unentbehrlich scheint. Er kann sich nicht vorstellen, mit dieser Kränkung weiterzuleben. Er muss sie auslöschen, sie aufheben, die Zeit rückgängig machen. Da er das in der Realität nicht kann, muss er wenigstens ein Symbol vernichten, das für seine Kränkung steht.

Es gibt ein Beispiel für diese Dynamik, lange vor dem Anschlag auf die Twin Towers. Der Grieche Herostratos fühlte sich gekränkt, weil er bisher keinen Ruhm in seiner Heimatstadt Ephesus erworben hatte. Daher beschloss er, eines der

3. Pädagogik der Rache

Weltwunder der Antike, den Tempel der Artemis, in Brand zu stecken und lieber zu sterben, als ruhmlos zu bleiben.

Um die überlebensnotwendige Bindung zwischen Kind und Eltern zu stärken, hat die Natur eine brisante Reaktion auf die Enttäuschung von Erwartungen an unsere Mitmenschen geschaffen. Das kleine Kind muss mit allen Mitteln signalisieren, dass es eine Enttäuschung seiner Grundbedürfnisse nicht erträgt, keine Sekunde lang. Narzisstische Wut als Signal für einen unerträglichen Kränkungszustand respektiert nicht, dass andere Menschen anders sind, dass sie auch verletzlich sind und oft nicht verstehen können, was sie ausgelöst haben.

Wenn ein Baby schreit, kommt die Mutter und stillt es. Wenn sie nicht kommt, steigert sich das Schreien und wirkt auf den Beobachter »wütend«. Kommt die Mutter zu spät, kann es sein, dass das Baby die Brust verweigert oder in die Warze beißt. Es »rächt« sich für die Versagung.

Sinn dieser Aktion ist, der Mutter zu verdeutlichen, dass sie sich nicht verspäten darf. Wenn die Mutter das versteht, wird die Entwicklung gut weitergehen; wenn sie aber mit Gegenkränkungen reagiert, absichtlich zu spät kommt oder die Brust verweigert, weil das Baby gebissen hat, entstehen Teufelskreise. »Die Brust ist böse, sie gibt mir nichts, ich muss sie mit den Zähnen festhalten« ist die eine Position; »das Kind ist böse und undankbar, ich gebe ihm die Brust nicht mehr« die Gegenposition. Dies ist das grundlegende Beispiel der Entgleisung einer Liebesbeziehung. Es ergibt sich eine durch Wut- und Racheimpulse gestörte Interaktion, die – je nach dem Verhalten der Kontrahenten – gemildert oder gesteigert werden wird.

Es scheint einfach, einen Ausweg zu zeigen: Das Baby beißt nicht mehr, die Mutter kommt rechtzeitig. Aber wer fängt an? Das Beispiel ist nur scheinbar harmlos; in der Behandlung zerstrittener Paare gibt es ähnliche Probleme. »Ich würde nüchtern nach Hause kommen und freundlich mit dir reden, wenn du öfter mit mir schläfst«, sagt der Mann. »Ich würde öfter mit dir schlafen, wenn du nüchtern nach Hause kommst und freundlich mit mir redest«, sagt die Frau. Auch hier kennt jeder den Ausweg – und auch hier ist die knifflige Frage: Wer fängt damit an, ihn zu beschreiten?

Wenn ein trotziger Dreijähriger, dessen Mutter partout nicht tut, was er will, Zünder und Dynamitstange bedienen könnte, würde er die Familie in die Luft sprengen. Wenn sie ihn ablenken oder beruhigen kann, ist er zehn Minuten später wieder der süßeste Engel.

Unter den Bedingungen, die unsere Psyche geprägt haben, ist das kein Problem. Die Eltern erkennen, wie wichtig es für die Kinder ist, ihren Willen, ihre Autonomie zu entwickeln. Die Kinder lernen, die überlegene Kraft und das überlegene Wissen der Eltern zu achten. Explosivstoffe und wirksame Mordwerkzeuge sind in unserem seelischen Haushalt nicht vorgesehen. Unsere primitiven Affekte sind auf Fäuste und Zähne zugeschnitten.

Der Vergleich zwischen dem trotzigen Dreijährigen und einem Terroristen oder Amokläufer löst Unbehagen aus. Er hilft aber, die Bedeutung der Umwelt und der Gegenkräfte besser zu verstehen. Nach dem psychoanalytischen Modell ist nicht der Impuls zu blutiger Rache und Terror die Ursache für die zerstörerische Aktion, sondern der Mangel an

3. Pädagogik der Rache

Gegenkräften bzw. die Überforderung der menschlichen Gesellschaft durch neue technische Mittel. Das erklärt auch, weshalb es unter entwürdigenden Lebensumständen, unterstützt durch eine fanatische Propaganda, in Palästina gegenwärtig zu einer »normalen« Phantasie von Kindern geworden ist, sich in die Luft zu sprengen, um Zionisten zu töten.

Nur unter günstigen sozialen Umständen kann Rachegier durch Vernunft gemildert und ihr Fanatismus durch Kreativität und Humor gebrochen werden. Diese Gegenkräfte werden in der Konsumgesellschaft allgemein geschwächt. Es gehört zu ihrem Stil, Disziplin aufzugeben und schnelle Befriedigung als soziales Ideal zu definieren. Nicht immer, das sehen wir an der Rache, sind diese schnellen Befriedigungen harmlos. Inzwischen ist eine ganze Themensparte in Hollywood beschäftigt, Racheszenarien auszumalen und nicht selten den Rächer zu idealisieren.

In Filmen (wie »Blue Steel«) übergibt die Polizistin nicht mehr den Verbrecher, den sie endlich gestellt hat, der Justiz, sondern erledigt ihn mit einigen wohlgezielten Schüssen. In anderen (»Ein Mann sieht rot«, »Kill Bill«) wird das Opfer eines brutalen Verbrechens in seinem Rachefeldzug heroisiert. Die mütterliche Frau, der väterliche Mann, deren Liebe den Schmerz der Kränkung neutralisiert, hat an Symbolkraft verloren.

Es gibt in allen Menschen und in allen zwischenmenschlichen Beziehungen Gegenkräfte, die uns helfen, die narzisstische Wut zu zügeln. Diese beruhen auf dem Prinzip der Empathie: Wenn sich ein Gekränkter respektiert und in seiner Verletzung wahrgenommen fühlt, kann er sich besser von ihr distanzieren und darauf verzichten, durch Grenzüberschreitung und Gewalt seine Verletzung zu demonstrieren.

Wer Rachsüchtigen begegnet, muss zwei Fehler vermeiden: die Gegenkränkung auf der einen, die ängstliche Vermeidung einer Auseinandersetzung auf der anderen Seite. Das gilt für den Umgang mit einem bockigen Jugendlichen ebenso wie für den mit einem mobbenden Kollegen oder Partner. Narzisstische Wut in allen ihren Formen ist kein Zeichen, dass ein Mensch böse oder minderwertig ist. Gleichzeitig verdient niemand deshalb Respekt, weil er bereit ist, sich selbst und andere weit über den Anlass hinaus zu schädigen.

Rachsüchtige können eine destruktive Macht gewinnen, wenn sie auf Menschen treffen, die sich vor ihnen fürchten und lieber berechtigte Ansprüche zurückstellen, als den Beziehungsabbruch zu riskieren, mit dem der narzisstisch Gestörte droht. Dann kann es dazu kommen, dass in einem »toleranten« Team nicht der Vernünftigste die Leitung übernimmt, sondern der Gestörteste, dessen Wutausbrüche andere veranlassen, ihn zu schonen. Eine Ehe zentriert sich um die Bedürfnisse des alkoholkranken Partners, dem eine weit klügere und stabilere Partnerin das Steuer überlässt, weil er droht, sich umzubringen, wenn sie ihm nicht gehorcht.

4. Die problematische Rolle der Psychologie

Vielleicht liegt es daran, dass ich einiges über helfende Berufe publiziert habe; jedenfalls sind es überdurchschnittlich oft Ärzte, Psychologen und Pädagogen, die sich von mir Beistand in einer Ehekrise erhoffen. Ich bin dann froh, dass ich schon etwas älter bin, selbst zweimal geschieden und ohne Illusion, dass professionelle Helfer, durch Reife und Einsicht privilegiert, jene Konflikte gelassen erledigen, an denen andere scheitern.

Wissen ist Macht, sagte Francis Bacon. Das gilt in der Psychologie nur bedingt. Nur im entspannten Feld unterwirft sich ein Mensch einer Wahrheit, die ihm neu und fremd ist. Jeder Jurist, der sich mit der Verlässlichkeit von Zeugenaussagen befasst hat, weiß genau, dass nichts unzuverlässiger ist als die in voller Überzeugung vorgetragene Wahrnehmung, so und ganz sicher nicht anders sei's gewesen. Unsere Erinnerungen sind nicht objektiv, sie fügen sich unseren Wünschen, und wir schreiben sie in unserem Gedächtnis immer neu. Jeder Arzt, der einen Schwerkranken »aufklären« wollte und ihn über seinen Zustand nachdrücklich belehrte, hat schon am nächsten Tag voller Verwunderung erkennen müssen, dass der Kranke alles vergessen hatte und sich hoffnungsfroh erkundigte, wann er denn endlich wieder seine Arbeit

4. Die problematische Rolle der Psychologie

aufnehmen könne. Die narzisstisch besetzte Vorstellung ist mächtiger als Wissen und Wahrheit – denken wir etwa an die Phantomschmerzen oder an die Schwangeren, welche von der Geburt vollständig überrascht werden, weil sie neun Monate lang nicht das Geringste bemerkt haben.

Psychologisches Wissen mag dem Einzelnen helfen, mehr Macht über sich selbst zu gewinnen. Es kann uns auch darüber belehren, was wir lieber nicht tun sollten, wenn wir andere Personen beeinflussen wollen. Was es keinesfalls leistet, was ihm aber in den Beziehungskämpfen zwischen Streitern aus der Psychoszene oft abverlangt wird, ist die Überzeugung des Widerstrebenden, die Sicherung einer prekären Position.

Ich erinnere mich an ein vom psychologischen Mobbing geprägtes Paar. Vera, eine Lehrerin in kindertherapeutischer Ausbildung, hatte Ulrich, einen Psychologen, der in einer Beratungsstelle arbeitete und eine psychoanalytische Ausbildung begonnen hatte, im Wartezimmer des gemeinsamen Lehranalytikers kennengelernt und sich in den ernsten, intellektuell wirkenden Mann verliebt. Ulrich hatte massive Eheprobleme; seine Partnerin hatte nach dem ersten Kind aufgehört, ihren Beruf weiter auszuüben und war sehr unzufrieden. Wenn sie getrunken hatte, was immer öfter geschah, warf sie Ulrich vor, er habe ihr zwei Kinder gemacht, um ihre Karriere zu ruinieren. Ulrich war zwischen dem Wunsch, sich zu trennen, und der Angst zerrissen, nicht angemessen für zwei Kinder im Vorschulalter sorgen zu können. Vera lädt Ulrich ein, sich nach der Analysestunde zu treffen. Sie sagt ihm ganz offen, dass sie an ihm interessiert sei, ist schockiert, als sie erfährt, dass er verheiratet ist und schon zwei Kinder hat, aber auch sehr be-

4. Die problematische Rolle der Psychologie

troffen, als sie von Ulrichs Situation erfährt. Spontan bietet sie an, ihn zu unterstützen, sie liebe Kinder, besser als eine alkoholkranke Mutter sei eine angehende Kindertherapeutin allemal. So trennt sich Ulrich von seiner Frau. Kaum ist diese ausgezogen, zieht Vera bei ihm ein. Ulrich arbeitet jetzt nur noch am Nachmittag, wenn Vera aus der Schule kommt. Beide lösen sich bei den Kindern ab.

Als sie vier Jahre später in eine Paartherapie kommen, ist von der Energie und der gegenseitigen Bewunderung dieser Krisenbewältigung nur noch wenig zu spüren. Ulrich trifft sich heimlich mit seiner ersten Frau – sie war immer die bessere Liebhaberin! Er klagt über Veras Unersättlichkeit und dauernde Unzufriedenheit mit allem und jedem.

Vera findet, Ulrich sei ein Pascha, der nur so tue, als halte er etwas von Emanzipation und gleichen Chancen für Frauen. Ulrich zählt auf, was er alles getan habe, um Vera zufriedenzustellen: Er hat die Wohnung gewechselt, weil in der alten Wohnung zu viel an die erste Frau erinnerte, er hat mit Vera ein drittes Kind, weil Vera immer beklagte, mit der anderen habe er Kinder gewollt und mit ihr nicht; er hat Vera geheiratet, obwohl er eigentlich von der bürgerlichen Ehe genug habe.

Mit jedem Entgegenkommen sei Vera unzufriedener geworden. Seit die gemeinsame Tochter geboren sei, wolle sie auch nicht mehr mit ihm schlafen. Als sie schwanger werden wollte, konnte es ihr nicht oft genug sein. Und jetzt, kaum hatte sie ihn dort, wo sie ihn haben wollte, ließ ihn diese machtbesessene Frau stehen. Vera dagegen: Mit ihm schlafen – mit diesem Sexsüchtigen! Ulrich sei infantil, ein typischer Frühgestörter,

4. Die problematische Rolle der Psychologie

diese Verschickung in ein Sanatorium wegen einer kindlichen Tuberkulose, die sei in seiner Analyse nie bearbeitet worden, damit habe er sich nie auseinandergesetzt, habe nie seine schizoide Seite, seine Verweigerung einer wirklich tiefen, erfüllenden, vom Sex-Zwang befreiten Erotik bearbeitet.

Vera selbst sei dieser Schritt erst in ihrer zweiten Analyse, bei einer Kleinianerin, geglückt. Aber Ulrich würde sich einer solchen Arbeit nicht aussetzen. Er sei bequem, er wolle es leicht haben, sein Lehranalytiker, den habe er doch in der Tasche, der sei genau so ein Pascha wie Ulrich selbst, der ahne auch nicht, was er seinen Patientinnen und Patienten vorenthalte, indem er dieses oberflächliche Geplauder Analyse nenne.

Hier kündigte sich bereits Veras Widerstand gegen die Paartherapie an: Eine solche Behandlung konnte der von ihr idealisierten »kleinianischen« Analyse (mit vier Wochenstunden) das Wasser nicht reichen; außerdem war der Therapeut ein Mann und deshalb grundsätzlich verdächtig, mit Ulrich zu paktieren. Nach zwei Sitzungen wollte Vera nicht mehr.

Aus dieser Fallskizze lässt sich ableiten, dass psychologisches Mobbing deshalb so schwer auflösbar ist, weil es sich selbst als »pädagogisch« oder gar »therapeutisch« missversteht. Diese Problematik ist sehr viel häufiger und gefährlicher, als es der seiner guten Sache allzu gewisse Psychologe oder Lehrer wahrhaben will. Wer seine Erwartungen durchsetzen will, wird zuerst versuchen zu überzeugen. Wenn ihm das nicht gelingt, kann er aufgeben und die Situation durch Trauer bewältigen, oder er kann Gewalt anwenden und versuchen, durch Zwang seine Vorstellung zu verwirklichen.

4. Die problematische Rolle der Psychologie

Wenn Eltern ihre Kinder, Lehrer ihre Schüler und Liebende einander erziehen, ist die Situation so lange entspannt, wie die Beteiligten einander bestätigen: Der Lehrer vermittelt dem Schüler, dass er eifrig und gescheit ist; der Schüler dem Lehrer, dass es gute und richtige Dinge sind, die er ihm beibringt, und er sich einer gemeinsam erarbeiteten Vorstellung von »Verbesserung« nähert.

Bei Liebenden ist die Angelegenheit komplizierter. Auch sie wissen, was sie vom jeweils anderen brauchen. Aber es fehlt ihnen die kindliche Gefügigkeit.

Viele Menschen wünschen sich einerseits einen selbstbewussten Partner, der Halt geben kann und mehr zustande bringt als sie selbst. Auf der anderen Seite wünschen sie sich, dass derselbe Partner nachgiebig ist und einsieht, was das von ihnen interpretierte Gebot der Liebe von ihm verlangt. In diesen Widersprüchen bewegten sich auch Vera und Ulrich. Vera konnte es nicht ertragen, wie sehr die Intensität in der Beziehung mit Ulrich verschwand, sobald sich dieser von seiner »schwierigen« Ehefrau gelöst und ihre Versprechungen ernst genommen hatte, ihm eine bessere Partnerin und den Kindern eine bessere Mutter zu sein. Sie neidete ihm sozusagen den Genuss ihrer eigenen Angebote, sie neidete ihm, dass er so mühelos bei den Kindern eine wichtigere Rolle spielte als sie, während sie sich so anstrengte und doch merken musste, dass der Vater mehr galt.

Wenn Patienten unbedingt ihren Partner in eine Behandlung bei »ihrem« Therapeuten zwingen wollen, steckt nicht selten dahinter, dass sie das Scheitern eigener Erziehungsversuche nicht ertragen können. Bewusst vertrauen sie, dass der idealisierte Therapeut endlich das nötige Werkzeug anwenden kann, um den renitenten Partner zur Einsicht zu führen. Unbewusst genießen sie vielleicht sein Versagen: Er scheitert ebenso wie sie. Daher die Empfehlung, solchen Vorschlägen einer erweiterten Analyse skeptisch zu begegnen und sich nicht auf sie einzulassen, wenn nicht solche Gefahren bedacht worden sind.

Die Gefahren der Psychologie liegen in dem Prozess, der »Psychologisierung« genannt wird: Um schmerzlichen Gefühlen auszuweichen und realistische Grenzen zu leugnen, wird behauptet, ein Verhalten sei »rein psychologisch« zu verstehen und daher auch durch einen Willensakt zum Besseren zu wenden. Eine historische Psychologisierung erkennen wir etwa in der Aussage, Hitler habe deshalb so viele Juden in Europa ermorden lassen, weil er den Tod seiner geliebten Mutter mit der Behandlung durch deren jüdischen Arzt verknüpfte.

Psychologisches Mobbing beruht auf einer solchen Psychologisierung. Das unerwünschte Verhalten wird nicht als etwas erkannt, das tief in der Persönlichkeit des Partners verwurzelt ist, sondern als »Fehler«, zu dessen Beseitigung beispielsweise nur ein wenig Therapie nötig wäre, der sich ein uneinsichtiger Partner verweigert.

Das führt zu der Einsicht, dass psychologisches Mobbing meist auf Fehler zielt, welche die Betroffenen vom eigenen Erleben fernhalten wollen. Sie suchen den Splitter im Auge des anderen, um den Balken im eigenen nicht wahrnehmen zu müssen. Vera verleugnete ihre eigenen sexuellen Ängste, indem sie Ulrichs Begehren als Ausdruck einer »Sexsucht«

4. Die problematische Rolle der Psychologie

entwertete. So konnte sie sich vor ihrer tiefen Angst schützen, ihn mehr zu begehren, als er sie begehrte, und dann verlassen zu werden.

Ulrich warb immer wieder um Vera und ging immer wieder fremd, weil ihn ihr abweisendes Verhalten verunsicherte und er glaubte, die Bestätigung zu brauchen, die ihm seine Abenteuer und die heimlichen Treffen mit seiner ersten Frau verschafften. Wie sie ihn mit Worten und durch ihren Rückzug, so kränkte er sie mit Taten. Jeder nahm dabei die Kränkungen durch sein Gegenüber als Rechtfertigung für sein verletzendes Verhalten.

Jeder Mensch, der intelligent genug ist, aus eigener Initiative einen Therapeuten zu konsultieren, weiß im Grunde auch, dass die pädagogische Methode, dem eigenen lernfaulen Kind Nachbars fleißiges Katharinchen als Muster vorzustellen, kein fleißiges, sondern ein bockiges, entmutigtes und erst recht lernfaules Mädchen hervorbringen wird. Er kann diesen Vergleich auch auf sein Verhalten in der Partnerschaft anwenden. Vera war eine sehr engagierte Lehrerin, Mitglied in der Gewerkschaft; sie hielt Vorträge über die wichtigsten pädagogischen Fehler und beschrieb die Folterkammern der schwarzen Pädagogik exakt. Und dennoch traktierte sie Ulrich mit den Instrumenten, deren Untauglichkeit sie in einem entspannten Feld erkannte.

Solche Erfahrungen machen den Autor eines psychologischen Sachbuchs nachdenklich, der doch strebt, seinen Lesern zu helfen, sie in konstruktivem Verhalten zu unterstützen. Eine wirkliche Lösung dieser Probleme ist nicht in Sicht.

In einem eindrucksvollen Film der 6oer Jahre, »Alarm im

4. Die problematische Rolle der Psychologie

Weltall«, hat ein genialer Wissenschaftler einen omnipotenten Roboter konstruiert, der tonnenschwere Lasten bewegen und wahre Wunder wirken kann. Was aber noch wunderbarer ist: Dieser mächtige Diener bleibt absolut untätig und meldet eindrucksvoll eine Störung an, wenn er den Auftrag erhält, seine Kräfte destruktiv einzusetzen, jemanden zu töten oder zu verletzen. Das wird in einer atemberaubenden Szene demonstriert, in der sein Herr dem Roboter befiehlt, die Astronauten zu schlagen.

In diesem Roboter steckt eine tiefe Sehnsucht des Atomzeitalters: Können wir nicht unsere mächtigen Hilfsmittel so programmieren, dass sie keinen Schaden anrichten können, wenn sie in die falschen Hände geraten?

Die Erfahrung ist: Wir vermögen es nicht. Beispiele sind nicht nur die großen Religionsstifter, die den Frieden und die Nächstenliebe meinten und doch zitiert wurden, um heilige Kriege zu führen. Es sind auch große Theoretiker wie Marx oder Freud.

Kein Psychologe schaltet auf Störung wie der oben beschriebene Roboter, wenn er anfängt zu psychologisieren. Keine inneren Sicherungen in der Theorie können ihn davon abhalten, ihre begrifflichen Werkzeuge nicht zur Erkenntnis einer Situation einzusetzen, sondern als Waffen, als Mittel, eigenes Versagen zu bemänteln und sich gegenüber einem weniger Kundigen Vorteile zu verschaffen. Diese Gegenkräfte wachsen nur aus Zivilcourage und Humor: sich keiner Autorität zu unterwerfen, die nicht bereit ist, sich einer Diskussion in gleicher Augenhöhe zu stellen. Keinen Propheten nur deshalb ernst zu nehmen, weil er das feierlich mit sich selbst tut.

53

4. Die problematische Rolle der Psychologie

Zivilcourage und Humor sind die besten Gegengifte, welche wir gegen Mobbing, speziell auch gegen das psychologisierende Mobbing einsetzen können. Zivilcourage ist der Mut, sich einer Übermacht, einer Mehrheit zu widersetzen. Das geschieht, wenn in einem Beziehungskampf psychologische Begriffe oder Ansprüche autoritativ eingesetzt werden: Wer diese Waffe verwendet, tut das mit der Geste, er sei jedenfalls normal und der Gegner einer Kur bedürftig.

Das Mobbing aus (enttäuschter) Liebe ist ein wichtiges Thema in der Psychotherapie. Kunstgerecht mit dieser Gefahr umzugehen, ist die zentrale Aufgabe in der Analyse von Übertragungen. Dazu gehört, im offen bekundeten Hass nicht die Liebe zu übersehen und in der schwärmerischen Idealisierung nicht die drohende Entwertung, in beiden Fällen aber die Spannung zu ertragen, dass unklar bleibt, ob die realistische Beziehung tragfähig genug ist, solche Widersprüche zu verarbeiten.

5. Einstürzende Ideale

Während Freud die Kultur scharfsinnig kritisierte, ist ihm Gleiches mit dem Patriarchat nicht geglückt. Hier hat er die Anatomie als Schicksal gesehen und eine Männlichkeit, die den Phallus als Abwehrzauber gegen die bedrohliche weiblich-mütterliche Übermacht braucht, nicht mehr hinterfragt.

Ein viel zitierter und illustrierter Spruch aus dem alten Rom lautet: »Post coitum est omne animal triste«, nach dem Koitus ist jedes Lebewesen traurig. Dieser Spruch gilt nur im Rahmen einer phallischen Auffassung der Sexualität; hier wird der Mann, sobald er seinen Abwehrzauber gegen die weibliche Übermacht verliert, von einer Verstimmung befallen, die ihn oft dazu führt, die Partnerin zu entwerten und sich von ihr zu distanzieren.

Das sexuelle Ur-Trauma besagt, dass wir uns nicht auf unsere Sexualpartner verlassen können. So variieren zahllose Märchen den Schrecken der Verwandlung. Das Gleiche gilt für Ovids legendäres, so unendlich oft gedeutetes und illustriertes Buch über die Metamorphosen. Unsere Liebsten wandeln ihre Gestalt. Sie werden aus dem Prinzen zum Frosch, sind an sechs Tagen der Woche menschenfressende Tiere und erst am siebten zärtliche Liebhaber, verstecken einen Fisch-

5. Einstürzende Ideale

schwanz unter ihrem Rock und Vampirzähne hinter blühenden Lippen.

Kannibalische Aggression steht für eine Entgleisung der frühen Beziehung zwischen nährender Mutter und Kind. Der frustrierte Säugling imaginiert, die Mutter aufzufressen; die Angst vor diesem Impuls gibt ihm ein, dass die Mutter auch ihn verspeisen will; kannibalische (oder vampirische) Hexen sind ein verbreitetes Thema der Volkssagen.

Freuds Ödipus-Mythos enthält die tröstliche Verheißung, dass die Mutterbeziehung des Sohnes stabil und liebevoll ist; den Vater muss er gerade deshalb fürchten, weil dieser ihm diese Beziehung neidet. Aber in der Realität ist es sehr häufig so, dass der Sohn, von der Mutter verletzt, Zuflucht beim Vater sucht, der ihn dann wieder zur Mutter zurückstößt.

Der Freud-Schülerin Melanie Klein verdanken wir viele Einsichten in die primitiven Idealisierungs- und Entwertungsprozesse seelisch gestörter Menschen. Klein beschrieb eine frühe narzisstische Position (sie nannte diese etwas missverständlich »paranoid-schizoid«), in der während der Verliebtheitsphase alle Einwände gegen die oder den Geliebten abgespalten werden, während in der Liebesenttäuschung die Hass-Seite der Ambivalenz den Betroffenen überschwemmt und ein Verhalten einsetzt, das wir heute »Mobbing« nennen.

Melanie Klein nahm zu Beginn ihrer Forschungen an, dass sich in der normalen seelischen Entwicklung diese »paranoide Position« dauerhaft stabilisiert. Sie verwandelt sich in eine »depressive Position«.

5. Einstürzende Ideale

Das ist in guter analytischer Tradition ein Ausdruck aus der Psychiatrie für eine normale Sache. Die depressive Position ist keineswegs traurig, sie mäßigt nur die Idealisierungen und Entwertungen des primitiven Narzissmus. Sie kann Ambivalenzen tolerieren und verliert die guten Eigenschaften eines Partners nicht vollständig, wenn er etwas tut, was mich stört und sein Bild trübt.

Melanie Klein glaubte zunächst, dass sich alle Menschen von solchen primitiven Mechanismen zu reiferen Haltungen entwickeln und wir schon als Kinder definitiv den Wunsch überwinden können, über dem Hass auf einen treulosen oder anderweitig enttäuschenden Liebespartner die Zuneigung oder schlicht den Nutzen zu vergessen, den wir aus dem Kontakt gewonnen haben und künftig gewinnen werden. Später, nach langer therapeutischer Praxis mit Kindern und Erwachsenen, kam sie zu einer realistischeren Einschätzung: Beide Haltungen, die reife (depressive) und die unreife (paranoide), begleiten den Menschen sein Leben lang. Unreife Einstellungen werden überformt, nicht abgelegt.

Melanie Klein hat mit diesen Gedanken auch die Grundlagen für ein psychoanalytisches Verständnis von Mobbing gelegt. Mobbing setzt ein, wenn eine depressive Position aufgegeben wird. An ihre Stelle treten paranoide Mechanismen; der »Feind«, der durch die Projektion eigener, unverarbeiteter Wut besonders gefährlich ist, muss erniedrigt und vertrieben werden, koste es, was es wolle.

Nur wer über eine entwickelte Regelung des Selbstgefühls verfügt, kann die Schattenseiten der Personen verarbeiten, von denen er sich Liebe wünscht, kann akzeptieren, dass Men-

5. Einstürzende Ideale

schen mit anderen Werten als er selbst nicht wertlos sind und dass nicht alle zur Hölle fahren sollen, die seine Überzeugungen nicht teilen.

Für den traumatisierten Menschen, der nach Wiedergutmachung sucht, ist es schwer, die Tatsache zu verarbeiten, dass Liebe in der Realität nicht »rein« ist.[2] Die wir lieben und von denen wir geliebt sein wollen, sind kaum je ganz uneigennützig, durch und durch liebevoll – wenig Wunder, denn wir sind das auch nicht.

Realistisch Liebende rechnen von Anfang an mit dieser Möglichkeit, stellen sich auf sie ein und kompensieren Enttäuschungen mit der Einsicht in eigene Schwächen.

Traumatisierte, in ihrem Selbstgefühl verletzte Liebende können die Schwächen des Partners nicht ertragen, von dem sie sich Ausgleich ihrer Verwundungen erhoffen. Sie können auch eigene Schwächen nicht realistisch einschätzen. Sie sind perfekt, haben keinen Fehler gemacht, während der Partner total versagte.[3] Insofern gleichen sie politischen Fanatikern und Rassisten: Sie können an das Gute nur glauben, wenn sie etwas Böses bekämpfen; sie brauchen eine Gruppe, der Macht und Ansehen zusteht, und ein Feindbild, das diese Gruppe bedroht.

Gefährdete Beziehungen

In der Praxis der Paartherapie fällt immer wieder auf, dass eins plus eins sehr viel mehr oder sehr viel weniger sein kann als zwei. Die Partner können sich gegenseitig in ihrer Konfliktverarbeitung unterstützen und auf diese Weise Kränkungen neutralisieren, an denen andere Paare längst gescheitert wären.

Solche Qualitäten, welche die Mobbing-Schwelle herabsetzen und einen Teufelskreis gegenseitiger Kränkungen einleiten oder umgekehrt diese Schwelle heraufsetzen und das Paar stabilisieren können, hängen eng mit der paranoiden Spaltung zusammen. Der Partner wird nicht gemäß der depressiven Position als Gemisch aus guten und schlechten Eigenschaften erlebt, als liebevoll, aber auch egoistisch, als zugewandt, aber auch abwesend. Er wird idealisiert, d. h. ganz gut gemacht, er ist makellos, hat keinen Fehler, ist der ideale Seelenzwilling, die verlorene Hälfte nach dem platonischen Gleichnis aus dem »Symposion«.

Diese Idealisierung dient dazu, die paranoide Position zu verleugnen, welche hinter ihr bestehen bleibt und die Beziehung bedroht. Der Partner wird gespalten, wie bei einem Wetterhäuschen soll entweder das schöne oder das schlechte Wetter aus der Tür treten. Er soll gut sein und gut bleiben, denn wenn er nicht gut ist, ist er schlecht.

Beispiel: Ulrich berichtet, dass er, wenn er von einer Begegnung mit einer Geliebten nach Hause kommt, alles daransetzt, mit Vera zu schlafen. Er berichtet, dadurch das Gefühl zu gewinnen, dass sie »gut« ist. So kann er sich vor sei-

5. Einstürzende Ideale

nen Ängsten schützen, dass sie »böse« ist, die er in sie projiziert, weil er wütend ist, dass sie ihn »zwingt« fremdzugehen, weil sie ihm so oft die ersehnte (sexuelle) Bestätigung verweigert.

Ulrich kann sich nicht vorstellen, dass Vera zwar heute nicht mit ihm schlafen mag, aber morgen durchaus wieder Lust haben wird. Sie wird in dem Augenblick für ihn »böse«, in dem sie sich verweigert; dann reagiert Ulrich so, als ob sie sich ein für alle Male von ihm abgewendet hätte. Er will doch nicht sein ganzes Leben mit einer Frau verbringen, die ihn nicht begehrt!

Die destruktiven Folgen der paranoiden Position liegen darin, dass der Partner zum Dämon wird. Durch die Projektion der eigenen, extremen Wut, dass eine idealisierte Erwartung enttäuscht wurde, wirkt der Partner absolut böse. Wenn ihn Vera zurückwies, rannte Ulrich aus dem Schlafzimmer und legte sich in das Gästebett, er ertrug ihre Nähe nicht mehr.

Dieser Gesichtspunkt begründet auch das therapeutische Vorgehen. Wenn erst einmal die Erwartung frustriert und die Dämonen der projizierten Wut geweckt wurden, ist guter Rat teuer. Hilfreicher ist es, schon vorher an den ideal überhöhten Erwartungen zu arbeiten und diese nach Möglichkeit zu korrigieren.

Den Vorgaben der antiken Ärzte für die Kur – »cito et jucunde«, d. h. schnell und angenehm – wird dieses Vorgehen freilich nicht gerecht. Es erinnert eher an den Versuch, einen Menschen anzuleiten, der ein Flugzeug erworben zu haben glaubt, dieses in ein Fahrrad umzubauen. Sieht er ein, dass der Tank zu klein ist und er höchstens genug Treibstoff für den Start hat, aber weder weit fliegen noch sicher landen kann? Oder hält er den Therapeuten für einen kleinlichen Besserwisser und riskiert es trotzdem?

In der Praxis hat sich ein Vier-Felder-Modell bewährt. Es hilft einzuschätzen, wie stabil ein Paar in Spannungssituationen ist. Allerdings sollten wir uns hüten, dieses Modell in den Dienst von Spaltungsmechanismen zu stellen, zu denen es verführen könnte.

Von Mobbing beeinträchtigte Beziehungen sind dadurch charakterisiert, dass der jeweilige Gegner »schuld«, »böse«, »gestört« ist. Ein Modell, welches die Interaktion zwischen Personen mit intakter Kränkungsverarbeitung und in ihrem Selbstgefühl belasteten Partnern darzustellen sucht, läuft Gefahr, zum psychologischen Mobbing missbraucht zu werden. Deshalb hier der Hinweis, dass eine funktionierende Kränkungsverarbeitung immer dadurch charakterisiert ist, dass ein Gefühl von Gemeinsamkeit dominiert und nicht ein Partner den Eindruck hat, er tue dauernd etwas für den anderen, nehme ihm etwas ab.

In jeder Überlegung, ob ich als stabiler, reifer, in seiner depressiven Position gefestigter Partner das Mobbing-Opfer eines enthemmten Paranoiden bin, ist die eigene Verstrickung in Spaltungsmechanismen enthalten. Im Alltag sind die ersten drei Typen unauffällig und stabil. Erst im Nachhinein, wenn wir den Zusammenbruch der Kränkungsverarbeitung analysieren und seine Wurzeln aufdecken, sind die hier skizzierten Gesichtspunkte praktisch fruchtbar.

Ich werde diese vier Typen des Mobbing-Risikos zunächst skizzieren und dann an Fallbeispielen vertiefen.

5. Einstürzende Ideale

1. Zwei Partner mit hoher Toleranz für die Realität des Gegenübers und guten Fähigkeiten, Kränkungen mit Humor zu nehmen, brauchen in der Regel keinen Therapeuten. Es gelingt ihnen spontan, die Verliebtheit mit ihren illusionären Idealisierungen schrittweise und mit einem Gefühl der Zuversicht in einen gemeinsamen Alltag umzuwandeln.

2. Ein Mann mit ausgeprägten Tendenzen zu primitiven Idealisierungen, die sich als Rechthaberei, Sturheit, Gesprächsverweigerung, kränkende Entwertung, im Extrem Gewalttätigkeit äußern, trifft auf eine Frau, welche die depressive Position einnehmen kann. Sie weiß, was sie an ihm hat und wie sie mit seinen Störungen umgehen muss.

   Die Frau trägt die Last der »Beziehungsarbeit«, sie kann aber Kränkungen ihres Partners nur begrenzt ausgleichen, weil dieser sie darin nicht unterstützt. Solche Beziehungen wirken oft stabil und werden auch lange aufrechterhalten, da Frauen vielfach erzogen werden, Schwächen ihrer Partner durch verstärkte Anstrengung und Rücksichtnahme auszugleichen. Entgleisungen in Sucht und/oder Gewalt werden lange Zeit aufgefangen. Die narzisstische Störung des Mannes fällt nicht auf, weil die Frau sich ihr geschickt fügt. Diese weibliche Selbstaufopferung ist ein Thema der hohen wie der trivialen Literatur, von Penelope und Alkestis bis zur »kleinen Seejungfrau«. Ehen mit einem alkoholkranken Partner gehören in diese Kategorie.

   Die Frau läuft Gefahr, ihre Fähigkeiten zu überschätzen und zu überfordern. Indem sie einen Partner stützt, der sie nicht stützen kann, bringt sie den unreifen Mann in eine

Position fiktiver Überlegenheit, hinter der er sich nicht mehr mit seiner Schwäche und Bedürftigkeit auseinandersetzen kann. So nimmt seine Kontaktfähigkeit ab; während er früher noch Freunde hatte, lässt sich jetzt nur noch seine Partnerin sein gestörtes Verhalten gefallen.

Dadurch wird er immer abhängiger von ihr und riskiert, auch die Beziehung zu ihr zu überlasten. Solche Paare haben keine Reserven und wenig Möglichkeiten, in Krisen einander Rückhalt und Regenerationsmöglichkeiten zu verschaffen.

Solange der traumatisierte, aber durch die Beziehung stabilisierte Partner z. B. beruflich erfolgreich ist, gibt es keine Probleme in der Ehe. Verliert er seine Arbeit, entgeht ihm eine Karrierechance. Dann ist die Gefahr groß, dass er die Partnerin nicht mehr als Stütze erlebt, sondern sie als Sündenbock missbraucht.

Wenn dann zusätzliche Belastungen zu verarbeiten wären – Schwierigkeiten der Kinder in der Schule, pflegebedürftige Angehörige, ein Umzug, Streit mit Nachbarn oder Familienangehörigen –, kann oft die Partnerin ihre gedemütigte Rolle nicht mehr mit echter Demut füllen. Sie beginnt sich zu wehren.

Um zu verstehen, was dann geschieht, ist es nötig, sich der grundsätzlich prekären Qualität menschlicher Tugenden zu stellen. Sie entstehen nicht so, wie sich eine Blume aus der Knospe entfaltet, sondern werden mühsam durch ein komplexes Abwehrsystem dem primitiven, auf Spaltung und Projektion beruhenden Mechanismus abgerungen.

So trägt die demütige, weise, ihren Partner mit gutem Hu-

5. Einstürzende Ideale

mor stabilisierende Frau durchaus eine zynische Hexe in sich, welche keineswegs vergessen hat, wie viel Dünkel, Ausbeutung und Erniedrigung sie sich gefallen ließ.

Oft schlummern solche Krisen und brechen erst aus, wenn ein Paar die Wiederannäherung bewältigen soll, die z. B. angesichts eines gemeinsamen Lebensabends nach der Pensionierung des bisher berufstätigen Partners ansteht.

Das Dilemma der narzisstischen Kompensation spiegelt sich dann in den Beziehungen zu den Kindern.

Solange sie den Vater bestätigen und sein Prestige steigern, ist er der zärtlichste Papa. Wenn sie aber im Studium versagen, ihm widersprechen oder in die normale Phase der Ent-Idealisierung der Eltern während der Adoleszenz eintreten, ergibt sich eine Mutter-Kind(er)-Einheit, die den Vater ausgrenzt.

Er hat schon immer in Krisen getrunken; jetzt trinkt er noch mehr; er hatte schon immer Anfälle von Jähzorn; sie werden schlimmer; er war bisher latent gewalttätig; jetzt manifestiert sich seine Gewalt.

Gar nicht selten lassen sich Frauen, die bisher ihren narzisstisch gestörten Partner gestützt haben, in dieser Phase scheiden. Er stellt sie vor die Alternative, entweder für ihn Partei zu ergreifen oder für die Kinder (für deren Missraten selbstverständlich sie die Verantwortung trägt).

Oder aber die Kinder drohen, sich auch von der Mutter zu distanzieren, wenn sie sich nicht von dem tyrannischen Vater trennt. So »zwingen« sie die Mutter zur Trennung vom Vater.

3. Die Beziehung zwischen einem Mann, der die depressive Position einnehmen kann, und einer narzisstisch gestörten Frau verfügt anfänglich über noch bessere Möglichkeiten der Stabilisierung. Das Element der körperlichen Überlegenheit und damit der Destruktivität von physischer Gewalt ist gemildert.

Eine Frau, die Opfer eines körperlichen Übergriffs durch ihren Mann geworden ist, kann häufig ihre stabilisierenden, ausgleichenden Funktionen immer schlechter wahrnehmen. Daher eskaliert in solchen Beziehungen häufig die Gewalt. In den Ehen vom dritten Typus ist diese Gefahr sehr viel geringer. Ein kräftiger Mann kann eine im körperlichen Mobbing rasende Frau festhalten; umgekehrt ist das selten möglich. Indem der Partner einen festen Rahmen gibt, wird sich die Fähigkeit auch einer narzisstisch gestörten und labilen Frau entfalten, Kränkungen wiedergutzumachen und sich zu versöhnen. Kulturelle Traditionen unterstützen das Klischee vom ruhigen, vernünftigen Mann, der das kindische, irrationale und destruktive Verhalten seiner Partnerin auffängt und begrenzt. Die hysterische Frau scheint uns im Alltag normaler als der hysterische Mann, obwohl der Kliniker davon ausgehen sollte, dass die hysterischen Männer zahlreicher und auch gefährlicher sind.[4]

Die Stabilität der von einer Frau getragenen Beziehung wird vor allem durch die Erschöpfung der familieninternen »Therapeutin« gefährdet. Bei den familieninternen »Therapeuten« geht eine vergleichbare Gefahr von der Seitenbeziehung aus.

Während die ständige Arbeit an der Fassade eines enttäuschenden Partners das weibliche Selbstgefühl schwächt und die Frauen stärker an diese unbefriedigende Situation bindet, fühlt sich der männliche Part in einer derart asymmetrischen Beziehung in seinem Selbstgefühl gestärkt.

Während es Frauen schwer fällt, sich aus dem Bannkreis des gestörten, mobbenden Partners zu befreien, der doch nur noch sie hat, geht es Männern oft anders. Immer wieder lässt sich beobachten, wie schnell der fürsorgliche Retter und Held einer gestörten Partnerin aus dieser Rolle aussteigt, weil er sich verliebt hat und nun bemerkt, wie angenehm es ist, wenn einem in einer Beziehung auch einmal etwas abgenommen wird, wenn man Probleme zu zweit lösen kann und nicht immer nur damit beschäftigt ist, die Scherben wegzukehren, welche die Partnerin produziert.

Während Frauen sich mühsam, schrittweise, mit vielen Rückfällen aus ihrer stützenden Rolle befreien, geschieht es bei Männern eher abrupt. Viele Jahre hat ein Mann seine psychotische Partnerin gestützt, sie in die Klinik gebracht und wieder abgeholt. Von einem Tag auf den anderen sagt er ihr, er habe sich in eine andere verliebt, sei nicht mehr bereit, das Spiel mitzumachen, und wolle sich scheiden lassen.

4. Zwei Partner, die Kränkungen nicht verarbeiten können. Eine solche Beziehung wird die Vermutung wecken, sie sei wenig dauerhaft. Das stimmt aber nicht; es gibt neben den schwerwiegenden Konfliktquellen auch intensive Bindungskräfte.

Traumatisierte Menschen sind besonders darauf angewiesen, dass sich ihre Umwelt nicht verändert; sie hängen an Wohnungen, Häusern, Stadtvierteln in einer Weise, welche normale Bindungen weit übertrifft. Ähnlich hängen sie auch an dem Menschen, mit dem sie zusammenleben.

Sie wissen um die Schrecken der Einsamkeit und tun viel, um diese zu vermeiden. Daher gibt es hier äußerlich stabile Beziehungen, die beide Partner in einem Zustand des ermäßigten Elends halten. Ihre Bindungskraft wird oft unterschätzt.

Ein Therapeut, der die Dynamik des kannibalischen Narzissmus nicht verstanden hat, kann sich angesichts der Entwertungslitanei, die er über einen abwesenden Partner hört, nur mühsam (und oft gar nicht) von dem Rat zurückhalten, doch umgehend die Scheidung einzureichen oder die Polizei zu rufen. Demgegenüber sucht der erfahrene Berater herauszufinden, was geschehen ist, um die bisher erträglich schlechte Beziehung zu einer unerträglichen zu machen.

Welche Belastung ist hinzugekommen? Oder ist er Teil eines Beratungsspiels, in dem periodisch Entlastungsdeponien aufgesucht werden, ein Glied in einer Kette von Experten, welche die Beziehung heilen sollen und scheitern müssen, um dem Paar einen kannibalischen Triumph zu gewähren von der Art, dass man zwar heillos zerstritten, auf jeden Fall aber schlauer ist als die Ehetherapeuten?

Warum musste die Reihe der Klagen so lang werden?

Für das unsichere Selbstgefühl ist es immer eine Wohltat, eine Person wahrzunehmen, die ebenso unsicher oder noch unsicherer ist. Das harmlose Beispiel ist die adipöse

Patientin, welche mit Triumphgefühlen auf jede Frau blickt, die dicker ist als sie. Gefährlicher sind Menschen, »die anderen auf die Zehen treten, wenn sie die eigenen Hühneraugen schmerzen« (Oscar Wilde), traumatisierte, narzisstisch belastete Personen, die mit hoher Sensibilität nach den Schwachstellen ihrer Partner suchen und diese voller Stolz auf ihre Findigkeit bloßstellen.

Aus diesen Gründen ist die Bindung an den entwerteten Partner derart intensiv. Er ist vertraut, er hat nicht weniger Dreck am Stecken. Es ist oft schwer zu entscheiden, ob es ihm missgönnt wird, der Hölle zu entfliehen, in die man mit ihm geraten ist, oder ob diese Hölle wärmender und weniger schrecklich ist als die Einsamkeit, in welche eine Trennung führen könnte.

Der kannibalische Narzissmus erodiert das Selbstgefühl auch in der Weise, dass es den Verstrickten kaum mehr möglich ist, sich eine andere Beziehung vorzustellen. Sie müssten dann auf die masochistische Entlastung von Schuld- und Schamgefühlen verzichten, welche durch das Zusammenleben mit einem mobbenden Partner gewährleistet ist.

6. Die Störungen der Kränkungsverarbeitung

Des Lebens ungemischte Freude
Ward keinem Sterblichen zuteil.[5]

Es ist etwas Interessantes um Mischungen. Manches wird durch sie erst liebenswert oder genießbar. In anderen Fällen verliert durch die Mischung jede der beiden Komponenten ihren Wert. Wir haben gerne Heizöl im Tank und sauberes Wasser in der Leitung, denn ein Tropfen Heizöl reicht, um tausend Liter Grundwasser ungenießbar zu machen. Kochen und Würzen beruhen fast immer auf Mischungen, die gelingen können oder missraten.

Eine besonders üble Lüge über Mischungen übernahmen und propagierten Hitler und seine Anhänger aus früheren Quellen. Wir finden solche Verleumdungen bereits bei Karl May. In der Mischung des Blutes verschiedener Rassen wurzeln demnach Übel. Der »Mischling« (Karl May sagte »Halbblut«) vereint in sich die Übel beider Ursprungsrassen. Die antisemitischen Fanatiker waren sich nie einig, ob sie die Juden verfolgten, weil sie das falsche oder weil sie gemischtes »Blut« in sich trugen; wissenschaftlich betrachtet war immer beides Unsinn.

Auch große soziale Bewegungen formulieren sich um den

6. Die Störungen der Kränkungsverarbeitung

Kampf gegen Vermischungen für eine reine Lehre. Luther und andere Reformatoren verstanden sich ebenso wie die Zeugen Jehovas oder die Fundamentalisten als Träger einer reinen Lehre, die sie als Gottes Wort gegen die niederen Beimischungen verteidigen wollten, welche auf dem Weg von den Quellen des Evangeliums oder des Korans durch menschliche Gier und Machtlust in sie geraten waren.

Was der Dichter mit seiner Skepsis gegen die Möglichkeit der »ungemischten Freude« sagen will, spiegelt die depressive Position: Nur durch Spaltung, nur durch die Projektion des Bösen, des Misslingenden nach außen lässt sich ein Zustand der Reinheit gewinnen. Die Psychoanalyse kann hier die Weisheit des Dichters ein wenig systematischer und zugleich biographischer fassen. Aber sie muss sich hüten, nun selbst den von ihr analysierten Mechanismen zum Opfer zu fallen und zu glauben, es gäbe beispielsweise den »durchanalysierten« Menschen, der sich über den Rest der Menschheit erheben darf.

Die menschliche Kränkungsverarbeitung beruht auf dem Dritten, auf einer Mischung, auf der humorvollen oder gelassenen Toleranz, dass zum Leben auch der Schmerz und das Misslingen gehören. Wie schwierig sie zu erreichen ist, zeigt die hartnäckige Suche nach einer himmlischen Welt, in der alles rein und gut ist und ein perfekter Gott waltet; diese Welt erzwingt dann freilich eine Gegenwelt, in der ein Teufel regiert und alles kaputt macht, was er erreichen kann.

Für den kindlichen Organismus geht es anfänglich sehr schnell um Leben oder Tod. Das Ich ist noch wenig entwickelt; es kann sehr viele Reize nicht einordnen. Der herzzer-

6. Die Störungen der Kränkungsverarbeitung

reißenden Not, welche wir aus dem Schreien des Säuglings herauszuhören meinen, entspricht mit hoher Wahrscheinlichkeit eine entsprechende innere Bedrohung. Das kleine Kind kann die eigenen Affekte, die eigenen Reaktionen von Wut, Angst, Trauer, Schmerz nicht einordnen und nicht bewältigen, wenn es nicht von jemandem begleitet und getröstet wird.

Wer als Jäger und Sammlerin in der Steppe lebt und jeden Tag nach Essen, Wasser und Schutz vor Raubtieren suchen muss, ist längst nicht so darauf angewiesen, emotionale Reize zu verarbeiten und zwischen unterschiedlichen Erlebnis- wie Reaktionsformen zu wählen. Er muss und darf immer sofort mit einer körperlichen Aktion reagieren, durch die seine affektiven Spannungen abgebaut werden.

Ich glaube nicht, dass die Borderline-Störungen einst adaptiv waren. Aber ich bin überzeugt, dass sie in einer Gesellschaft ohne Gewaltenteilung und Bürokratie die von ihnen Betroffenen längst nicht so beeinträchtigt haben wie heute. Es war viel »normaler«, sofort in Wut zu geraten und zuzuschlagen, sexuelle Impulse sofort in die Tat umzusetzen. Wo es auch im Alltag schnell um Leben oder Tod geht, ist nicht mehr psychisch auffällig, wer einen Streit mit dem Ehepartner, eine Kränkung beim Warten in der Supermarktschlange oder einen abweisenden Gesichtsausdruck des bewunderten Psychotherapeuten als eine Frage um Leben oder Tod auffasst und inszeniert.

Freud sagte über die Hysterie, dass sich hier älteres Menschtum darstelle. Ähnliches lässt sich über Störungen der Kränkungsverarbeitung sagen, dass die von ihnen Betroffenen in ihrem Leben sehr oft daran scheitern, dass ihre psychische Organisation einer modernen Gesellschaft mit ihren Brechungen des unmittelbaren emotionalen Auslebens durch Vernunft, Disziplin, Höflichkeit, Ironie und Humor nicht standhalten kann. Manchmal helfen ihnen Drogen zu einer funktionierenden Fassade. Doch ist dieser Gewinn an Stabilität teuer erkauft.

So begleiten seelische Störungen die Kulturentwicklung. Früher starben vernachlässigte, überlastete, von ihren Eltern sadistisch behandelte Kinder. Heute gibt es Systeme, die ein Überleben von Säuglingen auch dann sicherstellen, wenn der primäre Schutz durch die Mutter versagt. Frühstörungen, Menschen, die durch traumatische Kindheitserfahrungen in ihrer Kränkungsverarbeitung massiv beeinträchtigt wurden, sind ein Preis für den kulturellen Fortschritt. Aber es ist ebenso schwierig, einem Kind die liebende Familie zu ersetzen, wie simpel, die gleichgültige oder sadistische Familie durch Gesetz und Polizei daran zu hindern, es umzubringen.

Wenn die Eltern, die ein Kind versorgen sollen, nicht ausreichend gut von ihrer Umwelt gestützt werden und mit ihr in stabilem Austausch stehen, ist die Wahrscheinlichkeit groß, dass sie bereits zu Beginn der Entwicklung dem Kind keinen ausreichenden Reizschutz bieten. Die statistisch nachgewiesenen Risikofaktoren wie etwa Sucht eines Elternteils, Geschwistergeburt in einem Abstand von weniger als einem Jahr belegen diesen Einfluss ebenso wie die seit langem bekannte Verknüpfung zwischen Zufriedenheit der Eltern und seelischer Anfälligkeit der Kinder.

»Zufriedenheit« ist eine seelische Folge angemessener Austauschsituationen. So hat die »zufriedene Hausfrau« die günstigste Prognose für psychisch stabile Kinder, die »zufriedene berufstätige Frau« die zweitbeste, die »unzufriedene berufstätige Frau« die drittbeste. Am schlechtesten für die Kinder ist, was konservative Familienpolitiker in Kauf nehmen: die unzufriedene Hausfrau.

Das seelische System sucht sich selbst zu schützen und zu reparieren. Die Idealisierung und die mit ihr verbundene Spaltung, welche als zentrale Störungen der »narzisstischen Persönlichkeit« oder des »Borderline-Syndroms« aufgefasst werden, sind solche Reparaturversuche. Die Erwachsenen können die depressive Position nicht in sich festigen, sie halten an den Mechanismen des frühen Narzissmus fest.

Ein verletztes und überfordertes Regulationssystem sucht sich durch Anlehnung zu heilen. Das Objekt dieser Anlehnung wird bewundert und überschätzt. Sobald sich herausstellt, dass es zu diesem Zweck nicht taugt, sucht sich das seelische System durch Entwertung zu schützen. Besonders verwirrend ist diese Situation, wenn dasselbe Objekt sowohl überschätzt wie entwertet wird.

So kann ein Mann seine Frau einerseits als völlig unattraktive Schlampe darstellen, die es nie wert war, dass er sie geheiratet hat, und gleichzeitig vor Angst zittern, dass ihn diese Schlampe verlässt. Der Entwertungsmechanismus wird in diesem Fall verwendet, um das seelische System vor der kränkenden Einsicht in die eigene Verletzlichkeit und Abhängigkeit zu bewahren.

Seine seelische Stabilität gewinnt der erwachsene Mensch durch Austauschbeziehungen mit anderen Menschen, in denen durch die eigene Fähigkeit zu lieben die Phantasie gefestigt wird, geliebt zu werden. Dieser Austausch führt in die Realität, wenn er in stabilen inneren Strukturen verankert ist; umgekehrt festigt sein Vollzug diese inneren Strukturen. Wer liebt und sich geliebt fühlt, handelt spontan und denkt nicht darüber nach, ob er den Partner überfordert, ihm zu viel gibt, zu viel verlangt. Sobald die Liebe nach Beweisen sucht oder Beweise fordert, sind ihre Potenziale bereits geschmälert.

Die primitive Reaktion auf eine Kränkung ist von der Schnelligkeit geprägt, mit der das Individuum antwortet. Der jähe Wutausbruch, die wütende, entwertende Beschimpfung werden im Alltag meist mit Phrasen gerechtfertigt, die sie sozusagen als allgemein menschliche Reaktion ausgeben, die in diesem Fall leider nur zu rasch erfolgt sei. Dem prügelnden Ehemann ist »die Hand ausgerutscht«, dem entwertenden Chef »der Gaul durchgegangen«, die tellerwerfende Ehefrau ist »temperamentvoll«.

Der kannibalische Narzissmus

Die Nacht schmähte den Morgen,
der sie beraubte, und die
Kälte verfluchte die Wärme,
nach der sie hungerte.[6]

Eine verbreitete Folge der narzisstischen Wut durch gekränkte Liebesbedürfnisse sind Formen der eigenen Aufwertung durch aggressive, stille oder laute Entwertung eines Gegenübers. Sie können pharisäisch oder kannibalisch sein. Im pharisäischen Narzissmus wird (nach dem biblischen Beispiel) jemand entwertet, von dem ich mich vorteilhaft abhebe, auf dessen Anerkennung ich aber zu meiner Selbststabilisierung nicht angewiesen bin.

Die rassistischen und nationalistischen Vorurteile, die Entwertungen von Minderheiten und Fremden haben durchweg diese Qualität. Die Fortschritte des Rechtsstaates und der Zivilisierung haben es immer schwer gehabt, sich gegen diese Mechanismen zu behaupten.

Der Übergang zu kannibalischen Prozessen ist fließend. Das Vollbild des kannibalischen Narzissmus erfordert, dass jemand entwertet wird, von dessen Anerkennung sich die Entwerter abhängig fühlen. Mitarbeiter entwerten ihren Chef, Liebende ihre Liebespartner, Eltern ihre Kinder und umgekehrt.

Der kannibalische Narzissmus ist eines der düstersten Kapitel des menschlichen Zusammenlebens. Er führt zu der rätselhaften Wut, die gerade das zerstören will, wonach sie sich sehnt. Er steht hinter dem Hass, der wütende Entwertungen zur blinden Zerstörung steigert, wenn ihm deutlich wird, dass dem Gegenüber der Zauber mangelt, ihn wieder in Liebe zurückzuverwandeln. Er ist die Kälte, die sich nach der Wärme sehnt.

Achtsamkeit für den kannibalischen Narzissmus lehren uns Fabeln wie jene, die Äsop erzählt: Ein Wanderer findet im Winter eine Schlange, die vor Kälte erstarrt dem Tode nah ist. Er hebt sie auf und wärmt sie an seiner Brust. Kaum zu Bewegung erwacht, beißt die Schlange ihren Lebensretter. »Undankbare!«, ruft er sterbend. »Du wusstest, dass ich eine

Schlange bin«, erwidert sie, die nun auch in der Kälte zugrunde gehen wird.[7]

Der kannibalische Narzissmus wurzelt in der Signalfunktion von Aggression. Karl Abraham, einer der ersten Freud-Schüler und Lehrer von Melanie Klein, hat eine Phantasie des Säuglings rekonstruiert, durch Zubeißen eine Brust sicherer zu haben, die ihm allzu oft zu früh entzogen wurde.

Typisch für die kannibalische Interaktion ist auch, dass jede Seite sich als Opfer fühlt. Der Säugling erlebt sich als Opfer der Mutter, die ihm zu selten genug gibt; die Mutter fühlt sich als Opfer des Säuglings, der unersättlich ist und sie auffressen will.

Solche szenischen Hinweise aus der frühen Kindheit sind zum Teil eine Metapher; zum Teil erfassen sie die konstruktiven Spannungen in der Architektur des menschlichen Sozialverhaltens, das immer mit den beiden Zügeln von Eros und Aggression gelenkt wird. Menschen brauchen sehr viel Nähe, Schutz, Sicherheit und Zärtlichkeit, um sich zu entwickeln; sie brauchen aber auch viel Kampfgeist und Durchsetzungsfähigkeit, um in einer Welt potenzieller Feinde zu überleben.

Daher ist ihr Sozialverhalten auch leidenschaftlich, unruhig und krisenhaft. Nicht ohne Grund ist auf dem Pavianfelsen im Zoo immer etwas los. Primatengruppen sind bewegter und beweglicher als Gruppen von Raubtieren, die ihre Distanzen halten, oder Gruppen von friedlichen Pflanzenfressern, die nur selten ihre Aggression einsetzen, um ihr Sozialverhalten zu regeln. Primaten erproben ständig ihre Dominanz, Attraktivität, Geltung; sie hungern nach Aufmerksamkeit und langweilen sich, wenn sie nichts tun können, um sich wichtig zu machen.

Das Mobbing in der Liebe ist umso ausgeprägter, je mehr sich zwei Menschen als Selbstobjekte benötigen. Ein Selbstobjekt stützt die eigene Grandiosität. Es darf sich nicht verändern, nicht bewegen, weil sonst die Gefahr eines Zusammenbruchs droht. Der kannibalische Narzissmus hängt damit zusammen, dass diese Stütze immer wieder misstrauisch geprüft wird, wie etwa der Käufer eines Altbaus die Balken des Dachstuhls prüft, indem er versucht, eine Messerklinge in sie zu stoßen.

Im Vollbild des Mobbing in der Liebe wird das Selbstgefühl einerseits durch die Entwertung des Selbstobjekts geschwächt, das anderseits unentbehrlich für den Erhalt des Selbstgefühls und deshalb unverzichtbar ist. Je abhängiger sich die Opfer dieses Teufelskreises voneinander fühlen, desto wütender untergraben sie die Basis ihrer Beziehung und desto intensiver klammern sie sich über dem von ihnen selbst erzeugten Abgrund aneinander.

Die meisten von uns gewinnen ihre Selbstobjekte durch Idealisierung – alltagsnäher formuliert: durch Verliebtheit. Das Problem der narzisstisch belasteten Menschen lässt sich damit verknüpfen, dass sie ein Selbstobjekt nur durch Idealisierung erhalten können, nicht durch den Austausch in einer gemeinsam definierten Realität. Alltagsnah gesprochen: Um sich wohlzufühlen, müssten sie dauernd verliebt und mit dem Gegenstand ihrer Verliebtheit auch körperlich zusammen sein. Es gelingt ihnen nicht oder nur teilweise, Störungen dieser Idealisierung oder Trennungen zu verarbeiten,

6. Die Störungen der Kränkungsverarbeitung

ohne heftige Ängste vor einem Zusammenbruch des Selbstgefühls zu entwickeln. Diese äußern sich beispielsweise als Eifersucht, hektische sexuelle Suche nach Ersatz, Drogenmissbrauch, Arbeitswut.

Alle stärker narzisstisch belasteten Menschen glauben im Grunde, dass sie sicherer sind, wenn sie ihre Beziehungen alleine machen. Daher die große Hingabe, mit der sie Phantasien gestalten, die endlosen Briefe und Mails, in denen sie immer nur ihre Version der Beziehung gegen die »falschen« Signale des Partners verteidigen und zementieren.

So gelingt es ihnen nicht, das Selbstobjekt (das Bild des Partners, welches das eigene Selbstgefühl stabilisiert und Trennungen überbrückt) zu differenzieren, so dass es seine stützenden Funktionen in einem gelingenden Austausch festigen kann. Der Austausch scheitert.

Jetzt sucht das gekränkte Ich Heilung in der Entwertung, im Mobbing des Partners, kann sich aber nicht von ihm trennen. Die Entwertung rettet die Grandiosität: Es liegt nicht am Ich, es ist unschuldig, es ist gut. Nur das Objekt, dem es blind vertraute, dem es nur das Beste wollte, dem es so viel geopfert hat, ist kein Vertrauen wert, kein Opfer, es ist viel schlechter als das eigene Ich.

Eine junge Frau klagt bei ihrer Therapeutin immer wieder über ihren Partner. Sie sei in ihrer Ehe extrem unglücklich, sexuell geschehe kaum mehr etwas, nur die beiden kleinen Kinder halten sie noch bei diesem Ungeheuer, das sie nicht versteht. Die Therapeutin sieht als zentrales Problem der Patientin deren Aggressionshemmung. Sie könne sich einfach nicht durchsetzen, mache bei allem mit, was der Ehemann verlange, schlafe ohne Lust mit ihm und beklage sich nachher darüber.

Eine typische Szene: Die Patientin leidet an heftigen Rückenschmerzen. Sie möchte, dass ihr Mann am Abend die Kinder zu Bett bringt; dieser wehrt ab, er habe schließlich den ganzen Tag gearbeitet, das sei ihre Sache. Trotz ihrer Rückenschmerzen bringt sie also die Kinder ins Bett.

Die Therapeutin rät nun, dass die Patientin sich doch in solchen Fällen durchsetzen und ihren Mann energischer auffordern solle, seinen Teil an der Versorgung der Kinder zu leisten. Darauf beginnt die Patientin zu weinen und sagt anklagend zur Therapeutin: »Sie sagen genau dasselbe wie mein Mann, es ist alles nur meine Schuld!«

Diese Antwort wird verständlich, wenn wir die Dynamik des kannibalischen Narzissmus einbeziehen. Die Patientin braucht das grausame Verhalten ihres Mannes, um sich in ihren eigenen Gefühlen zu trösten, als Frau unzulänglich zu sein. Er ist jedenfalls noch liebloser, unverantwortlicher, unreifer als sie selbst.

Daher wird die Therapeutin, die von der Patientin fordert, ihren Mann doch zu einem verantwortungsvolleren Verhalten zu erziehen oder sich von ihm zu trennen, als ebenso verständnislos und grausam erlebt wie dieser. Die Kranke kann keine neuen Forderungen verarbeiten, ehe sie nicht ihr grundlegendes Gefühl zurückgewonnen hat, so, wie sie ist, in Ordnung zu sein.

6. Die Störungen der Kränkungsverarbeitung

Mobbing und manische Abwehr

Die Manie ist ein seelischer Zustand, in dem der Unterschied zwischen Idealbild und Ich aufgehoben scheint. Dem Maniker ist alles möglich, er hat keine Grenzen, er muss keine Rücksicht nehmen, denn er wäre nicht nur gerne großartig, wie wir uns das alle wünschen mögen, nein, er ist es wirklich!

Die Extreme dieser Störung haben schon früh die Nervenärzte zu klassifikatorischen Bemühungen veranlasst; ihr zentrales Konzept ist die »manisch-depressive« Psychose, in der sich Phasen der Selbstüberschätzung mit solchen der Selbstunterschätzung abwechseln. Dazwischen kann der Kranke auch weitgehend normal erscheinen.

Heute ist eine Vereinfachung beliebt, wonach solche Störungen eine Folge von genetisch bedingten Störungen des Gehirnstoffwechsels sind. Diese Auffassung hat neben dem Wohlgefallen, das sie bei der Pharmaindustrie auslöst, auch ein nicht zu unterschätzendes psychologisches Plus. Sie schützt die Kranken vor Selbst- und Fremdvorwürfen, welche das psychische Klima eher vergiften als heilsam machen, in dem sich Depressive bewegen.

Wenn die Medikamente nicht helfen, wird zu künstlichen epileptischen Anfällen gegriffen (Elektrokrampftherapie), für deren Wirkungen es viele fragwürdige biochemische Erklärungen und eine sinnvolle psychologische Hypothese gibt: Der Elektroschock ist extrem angsteinflößend und wird als massive Strafe erlebt. So befriedigt er die in allen Depressionen nachweisbare Wendung der Aggression gegen die eigene Person.

Psychopharmaka und Elektroschock überzeugen den Kranken und seine Umwelt, dass er unschuldig ist und sein Stoffwechsel gestört. Das ist ein entlastender Mythos, der nicht als Mythos benannt werden darf, ohne diese entlastende Wirkung zu gefährden.

Für den Psychoanalytiker ist das kein Grund, die Dinge nicht beim Namen zu nennen. Er ist sich seiner Minderheitenposition ohnedies sicher und vertraut darauf, dass in den von ihm verantworteten Behandlungen die Kranken lernen können, sich mit psychischen Mitteln gegen Schuldgefühle, Selbstbestrafungen und Versagensängste zu wehren.

Wenn ihnen das gelingt, brauchen sie die Kombination von genetischer Mythologie und chemischer oder physikalischer Quälerei nicht mehr, welche die »biologischen« Psychiater (die man lieber industrielle Psychiater nennen sollte) als einzig richtige Behandlung ausgeben.

Allerdings wird der Psychoanalytiker häufig erst konsultiert, wenn die Erkrankung weit fortgeschritten ist und der Kranke zunächst vor allem Entlastungen benötigt. Die akute, schwere Depression macht unfähig, den seelischen Spielraum zu gewinnen, der für eine Auseinandersetzung mit den Fehlentwicklungen nötig ist, welche die Reservoire an emotionalen Ressourcen erschöpft haben. Wer sich extrem elend fühlt, kann nicht verstehen, was er getan hat und was er ändern müsste, um solchen Formen der Erschöpfung seiner inneren Kräfte zu entgehen.

Die These, Depression sei nichts anderes als gestörter Hirnstoffwechsel[8], ist ein wissenschaftlicher Rückschritt. Sie bringt uns im Verständnis nicht weiter als etwa die Behaup-

6. Die Störungen der Kränkungsverarbeitung

tung, Tuberkulose sei nichts anderes als gestörter Lungenstoffwechsel.

Eine solche These mag sinnvoll sein, wenn sie sich gegen magische Vorstellungen wendet, wonach Tuberkulose auf sexuellen Exzessen oder Unmoral beruhe. Aber sie ersetzt natürlich nicht die genaue Ursachenforschung, welche Robert Koch geleistet hat, indem er den bakteriellen Erreger nachwies und demonstrierte, wie ihn jeder kundige Forscher im Mikroskop sichtbar machen kann.

Demgegenüber haben die mit immensen Finanzmitteln geförderten Forschungsberge hinsichtlich der körperlichen Ursachen der Depression noch kaum eine Maus[9] geboren. Ungeklärt ist nicht nur der Erbgang dieser angeblich genetischen Erkrankung, deren Auftreten extremen kulturellen Unterschieden unterworfen ist[10]. Mir scheint es sehr viel besser zu den Forschungsergebnissen zu passen, dass die biochemischen Veränderungen die Folge einer Entwicklung des Kranken sind, in der er wegen unbewusster Einschränkungen und Ängste seinen Stoffwechsel überfordert hat.

Von den Anhängern der genetischen Reduktion wird gerne die Übereinstimmung eineiiger Zwillinge in Bezug auf Depressionen angeführt. Wenn einer dieser Zwillinge an einer schweren Depression erkrankt, hat der zweite ein weit überdurchschnittliches Risiko, ebenfalls an diesem Leiden zu erkranken.

Da solche Zwillinge identische Erbanlagen haben, sind sie ein Indikator für die genetische Komponente in der menschlichen Persönlichkeit. Bei zweieiigen Zwillingen ist dieses Risiko längst nicht so hoch. Es bestätigt sich sogar, in freilich geringerem Ausmaß, wenn die Zwillinge getrennt aufgewachsen sind.

Aber Untersuchungen an Zwillingen haben auch ergeben, dass die Erkrankungswahrscheinlichkeit an Tuberkulose eine ebenso hohe Konkordanz (Risiko-Übereinstimmung) aufweist. Wenn wir also die Ursache dieser Lungenkrankheit nicht kennen würden, würden die »biologischen« Ärzte nicht weniger beredt die These vertreten, es handle sich um eine ererbte Stoffwechselstörung.

Die genetische Forschung führt hier in eine Sackgasse, weil eine einfache Erbanlage für Depressionen gar nicht existieren kann. Da diese Erkrankung die Fortpflanzungsfähigkeit vermindert, wäre sie bereits ausgemerzt. Genetische Bedingung einer Depression scheint die erhöhte Verwundbarkeit des Gehirns gegenüber emotionalen Verletzungen, die durch Perfektionismus kompensiert werden und schließlich in einen mehr oder weniger ausgeprägten Erschöpfungszustand führen.

Depressive sind unter günstigen Entwicklungsbedingungen besonders feinfühlig und kreativ, können sich aber eben wegen dieser reichen Fähigkeiten auch besonders schaden, sobald sie diese gegen sich selbst richten. Der biochemische Forscher, welcher angesichts eines solchen Endstadiums seinen Befund erhebt und ihn als Ursache der Depression dingfest machen will, hat seine methodischen Hausaufgaben nicht gemacht.

7. Ein Feind genügt für einen Krieg

Väter und Mütter pflegen auf Geschwisterfragen, wer denn mehr geliebt werde oder geliebt worden sei, ebenso routiniert wie unglaubwürdig zu antworten: alle gleich. Vielleicht auch, ein wenig genauer: den, der am bravsten war, immer am meisten.

Ähnlich würde der Therapeut auch behaupten, er fühle sich beiden Parteien gleichermaßen verpflichtet. Die Partner sehen das anders. Sie erleben den Therapeuten als Partei. Er sollte das hier verborgene Material über die Dynamik in seiner Arbeit nicht voreilig entsorgen, indem er auf seine professionelle Neutralität hinweist, auf seine Allparteilichkeit und was der blassen Formeln mehr sind.

Die Neutralität des Therapeuten hängt mit einer Anfangs-Annahme zusammen, die ebenso wichtig wie provisorisch ist: dass jede moderne, individualisierte, frei gewählte Liebesbeziehung wie eine Gesellschaft behandelt werden muss, in der jeder der Partner 50 Prozent der Anteile hält.

Diese Konstruktion fordert die Beteiligten, sich ihrer Rolle als Erwachsene bewusst zu bleiben, die für ihren Anteil an der Beziehung Verantwortung tragen.

Aber wie angesichts einer Prügelei im Kinderzimmer die Mutter dem Unterlegenen beispringt, ohne viel über »gleiche Liebe« nachzudenken, wird auch der Therapeut angesichts einer Mobbingdynamik dem geplagten Partner beistehen, selbst wenn er auf diese Weise seine Neutralität in Frage stellt. In der Regel hat das auch keine schädlichen Folgen. Vorausgesetzt es gelingt, im Kampf gegen Mobbing nicht selbst zu mobben.

Es mag ermüden, ein Paar auf jenem Trip in die eigene Vergangenheit zu begleiten, auf dem jeder den anderen für die »Fehler« und Grausamkeiten verantwortlich macht, die er ihm angetan hat. Aber es ist nicht zu vermeiden und liefert wichtige Aufschlüsse über die wechselseitigen Erwartungen und Enttäuschungen, vielleicht auch schon über die besonders verletzlichen Stellen, die angesichts der narzisstischen Entgleisung der Beziehung zu ähnlichen Verwicklungen führen wie die einzig verwundbare Stelle des im Drachenblut gebadeten Siegfried.

Die Mörder wären gescheitert, hätte der Held nicht seiner liebenden Gemahlin die einzig verwundbare Stelle an seinem Leib verraten. Diese wiederum markierte sie auf Siegfrieds Gewand für seinen heimlichen Feind, der sie überzeugt hatte, er werde sie ganz besonders beschirmen.

Manchmal glauben beide Partner, sie wüssten, dass nur einer von ihnen an dem Mobbing »schuld« ist. Sie wissen dann natürlich auch, wer es ist.

Darius und Maria sind Ärzte; sie hat schon lange eine Praxis als Gynäkologin, während er gerade dabei ist, sich als Kinderarzt selbstständig zu machen. Es gibt heftigen Streit; beide denken über Trennung nach, hängen aber an dem gemeinsamen siebenjährigen Sohn.

7. Ein Feind genügt für einen Krieg

Darius kommt aus Persien, aus einer Oberschichtfamilie; er hatte sich für die kommunistische Partei engagiert, die gegen den Schah und später gegen Khomeini kämpfte. Als 18-Jähriger musste er über Nacht, durch einen Freund der Familie vor einer Verhaftung gewarnt, das Land verlassen. Er sah dann zehn Jahre keinen seiner Angehörigen. Er ist ein attraktiver Mann.

Im Einzelgespräch berichtet er über seine besitzergreifende Mutter, einen alkoholkranken Vater, eine Tante, die in Paris studiert hatte und ihn in die Parteiversammlungen mitnahm. Nach der Flucht wurde er von einem Landsmann um das gesamte mitgebrachte Geld betrogen und von einer deutschen Gymnasiallehrerin »gerettet«, die ihm nach der Trennung von ihrem Partner einen Job als Babysitter anbot, sich in den einsamen jungen Mann verliebte und ihn förderte, so dass er das Abitur nachholen und sein Medizinstudium beginnen konnte. Darius fühlte sich aber mehr und mehr in einen goldenen Käfig gesperrt und befreite sich aus diesem, als er die gleichaltrige Maria kennenlernte, die allerdings schon promovierte, während er noch am Anfang seines Studiums war.

Die beiden heirateten, als Maria ihre erste feste Stelle hatte. Darius' Abschluss verzögerte sich, weil er neben dem Studium als Hausmann den gemeinsamen Sohn versorgte. Erst als sich Maria als Fachärztin selbstständig gemacht hatte, konnte Darius seine eigene Weiterbildung in einer Klinik vollenden. Dort begann er ein Verhältnis mit seiner Oberärztin, das er zwei Jahre vor Maria verheimlichte.

Als Maria von einem zweiten Kind sprach, glaubte Darius,

er müsse ihr jetzt die Wahrheit sagen. Das löste eine massive Krise aus, die für solche Geständnisse typisch ist: Während der »geständige« Partner erwartet, dass seine Beichte als Liebesbeweis und Wunsch für einen Neuanfang verstanden wird, fällt der bisher Unwissende aus allen Wolken und rächt sich mit erbitterten Vorwürfen über die Heimlichkeit und den Betrug, aus denen das geschulte Ohr die Schuldgefühle heraushört, nicht bemerkt zu haben, was doch offenkundig war.

Darius erklärte seinen Seitensprung damit, dass er sich von Maria allein gelassen und mit Leistungsforderungen überlastet gefühlt habe. Sie habe immer nur an ihre Praxis gedacht und ihn als Hausknecht behandelt. Die Oberärztin hätte Zeit für ihn gehabt; sie war unglücklich verheiratet, die Beziehung sei niemals als Alternative zu seiner Ehe gedacht gewesen, er habe sich nie vorstellen können, weshalb in der deutschen Kultur so viel Aufhebens über solche Dinge gemacht werden – das sei in Persien ganz anders. »Du Pascha, du willst mich in deinem Harem haben und soundsoviele andere Weiber auch!«, schrie dann Maria.

Maria kommt aus einer sehr belasteten Familie. Sie ist mit 18 Jahren von zu Hause ausgezogen, weil sie die ständige Kontrolle durch ihre Mutter nicht ertrug, die sich an ihre älteste Tochter klammerte. Der Vater war homosexuell und verbrachte seine ganze Freizeit in einem Sportverein. Er redete meist verächtlich über Frauen und behauptete, er habe Marias Mutter nur geheiratet, um dem Familienbetrieb einen Erben zu verschaffen.

Auf Marias Auszug reagierte er mit heftigen Vorwürfen und wollte ihr Studium nicht bezahlen. Maria nahm sich einen Anwalt und setzte ihre Ansprüche durch. Sie war ehrgeizig und leistungsorientiert. Darius erinnerte sich während der Therapie daran, dass er sie sich ausgesucht hatte, weil er fürchtete, neben seiner langjährigen Freundin träge zu werden. Aber Maria gehe in das andere Extrem. Er hätte lieber eine verständnisvolle Frau, die für ihn da sei, wenn er sie brauche, als eine superehrgeizige Erfolgsmedizinerin, die ihm zum Geburtstag einen Mercedes schenke.

In den ersten Gesprächen ist nicht nur Maria, sondern auch Darius überzeugt, dass die gegenwärtigen Spannungen von Darius verschuldet sind. Er hat schließlich Maria betrogen, das hätte er nicht tun dürfen.

An einer solchen Geständnis-Szene lässt sich fassen, wie der Teufelskreis einer Mobbing-Dynamik entsteht. Hat Darius ein konstruktives Angebot gemacht und nebenbei etwas Destruktives verraten? Oder hat er endlich seine Zerstörungslust verraten und nur so getan, als habe er bereut und etwas Konstruktives im Sinn?

Maria steht sozusagen an einer Weggabelung. Sie hat sich dafür entschieden, das Böse zu verstärken, das ihr gegenwärtig in Darius' Gestalt entgegentritt, ist aber gleichzeitig verängstigt und verwirrt, weil sie ihn mehr denn je als »guten« Partner braucht und sozusagen verzweifelt auf ihn einschlägt, um die böse Maske zu zerstören, welche er in ihren Augen endlich – aber viel zu spät – enthüllt hat.

Darius setzt Marias Vorwürfen, Schimpf- und Entwertungstiraden nichts entgegen. Er heuchelt Verständnis, zieht sich aber in Selbstmitleid zurück und lässt diesen übermächtigen, Feuer speienden Drachen einfach stehen. Er unternimmt

7. Ein Feind genügt für einen Krieg

auch nichts, als sie dem Sohn erklärt, sie sei deshalb so unglücklich, weil der Vater eine Freundin habe und sie ihm nicht mehr vertrauen könne.

Darius fängt an zu bedauern, dass er sich so naiv verraten hat. Er sehnt sich nach der Zeit, in der Maria friedlich war und seine heimliche Geliebte aufregend; jetzt hat er weder die eine noch die andere und fühlt sich mehr denn je allein, von allem abgeschnitten. Was ihm bleibt, sind sein Beruf und die Freude an seinem Sohn, den Marias Propaganda gegen Darius nicht weiter beeindruckt. Er hat sie entweder nie gehört oder umgehend vergessen.

In der Therapie gelingt es relativ schnell, das ramponierte Vertrauen des Paares in seine Regenerationsfähigkeit wieder zu wecken. Der Therapeut kann beiden vermitteln, wie viel sie in ihrer Ehe bisher geleistet und verarbeitet haben, wie sehr sie sich hinter, ja geradezu in ihren Entwertungen umeinander bemühen, wie wenig sie in ihren Ansprüchen an einen perfekten Partner sich selbst und ihrem Gegenüber gerecht werden. Das gelingt vor allem dann, wenn eine narzisstische Störung durch so viel gesunde Einsichts- und Kontaktfähigkeit gepuffert ist, dass sie beinahe sofort verschwindet, wenn die Betroffenen auf einen verständnisvollen Gesprächspartner treffen.

Ein Therapeut, der nach dem gemeinsamen Vorgespräch mit dem Paar jeden Partner einzeln kennengelernt und dessen Kränkungsdynamik erkundet hat, wird zu einem Übergangs-Selbstobjekt, einer Art Deponie (container im Sprachgebrauch der Klein-Schule), aus der in den späteren Gesprächen zu dritt beide in ihr Mobbing verstrickten Partner Alternativen gewinnen können.

7. Ein Feind genügt für einen Krieg

Darius versteht Marias kindliche Kränkung und Wut, sobald er erkennt, wie verlassen sie sich gefühlt hat und wie ihr Ehrgeiz, ihre Härte und ihr Sicherheitsbedürfnis aus ihrer Ungeborgenheit im Elternhaus verstanden werden können. Maria sieht, dass Darius ihren Wunsch nach einem zweiten Kind ernst nimmt und sein Geständnis der Versuch war, die Beziehung wieder enger zu knüpfen und sich von der Geliebten zu trennen.

Sie kann ihm jetzt glauben, dass er damit etwas für die Beziehung zu ihr getan hat, und erkennt, wie kindisch ihr Anspruch ist, dass – weil sie treu war und ihr nichts gefehlt hat – ihr Partner einen fürchterlichen Verrat begeht, wenn er es nicht ebenso hält. Darius entwickelt ein ausgesprochenes Interesse für Psychologie, die er bisher für Altweibergeschwätz gehalten hat. Er entdeckt ein Buch über Zwiegespräche und nimmt schließlich die weitere Therapie in die Hand. Maria, die den widerstrebenden Darius mühsam für die Paarbehandlung motivieren musste, kann das mit leisem Humor anerkennen.

Eine zweite Fallgeschichte, die einen anderen Verlauf bei ähnlicher Ausgangslage zeigt: Im Vorgespräch ist Oskar, ein 40jähriger Patentanwalt, schuldbewusst und fürsorglich. Er will seine Partnerin Hanna, die früher als Model gearbeitet hat und dann eine Boutique leitete, jetzt aber Hausfrau ist und für zwei gemeinsame Kinder sorgt, mit einer Therapie versorgen, weil ihm eine schreckliche Sache passiert ist: Er hatte ein Verhältnis mit einer Mitarbeiterin einer der Firmen, deren Patente er betreut; er hatte sich verliebt, hatte aber aus lauter schlechtem Gewissen alles geheim gehalten; jetzt aber

7. Ein Feind genügt für einen Krieg

ist die Geliebte zu ihrem Ehemann zurückgekehrt, da hat er gedacht, er müsste jetzt auch seine Ehe auf eine neue Basis stellen und die ganze Angelegenheit beichten. Vielleicht, so habe er gedacht, könnte Hanna ihm helfen, die ganze Sache zu vergessen; das sei aber offensichtlich ein Fehler gewesen, er habe jetzt ein Buch über »Die heimliche Liebe« gelesen und verstanden, dass das so nicht richtig sei. Die andere Frau gehe ihm nicht aus dem Kopf, er könne sich nicht mehr Hanna zuwenden, nicht mehr mit ihr schlafen, wolle aber die Ehe der Kinder wegen aufrechterhalten.

Hanna blickt misstrauisch und betont, dass sie eigentlich keinen Sinn in einer Therapie sehe, für sie sei Ehe etwas Verbindliches, ein Sakrament, sie heirate nicht eben so, sie habe nie an einen anderen Mann gedacht, seit sie mit Oskar zusammen sei. Er wisse das, er habe sie kennengelernt, als sie eben einen Selbstmordversuch hinter sich hatte, weil ihr Verlobter sie verlassen habe, Gott sei Dank, denn sie wisse jetzt, dass er ein Krimineller gewesen sei. Aber sie sei keinen Tag der Ehe unglücklich gewesen, sie habe ein schönes Heim, zwei Kinder, einen Mann, den sie liebe – sie wolle keine Therapie, sondern sie wolle ihren Mann zurück und alles so haben wie früher. Er sei verrückt geworden, und wenn er so gewissenlos sei, es zu bleiben, dann wolle sie ihn nie mehr sehen.

In den Einzelgesprächen zeigte sich, dass Oskar die Geliebte nicht aufgeben wollte und Hanna nur deshalb von ihr unterrichtet hatte, weil die Geliebte es von ihm verlangt hatte. Das sei eine ganz andere Frau, viel souveräner, längst nicht so abhängig wie Hanna, sie lese Bücher und setze sich auseinander, man könne mit ihr über alles reden. Er hänge jedoch an den Kindern und mache sich Sorgen um Hanna, die eine schreckliche Kindheit gehabt habe, davon solle sie aber selbst erzählen.

Von seiner Kindheit erzählte Oskar, er sei das einzige Kind, der Vater sei früh erkrankt und habe sein Jura-Studium nicht abgeschlossen, sondern als Hausmeister gearbeitet. Die Mutter habe ihn verachtet und Oskar sehr an sich gebunden, er sei froh, dass er zum Studium fortgekommen sei, ein Bruder des Vaters, viel erfolgreicher als dieser, habe ihn in seiner Berufswahl beeinflusst. Hanna verstehe sich mit seiner Mutter nicht, was ihn sehr belaste, weil sie es doch mit allen gut meine und tapfer versuche, in ihrer kleinen Wohnung alleine klarzukommen. Wenn er sie anrufe, schelte Hanna, er sei mutterabhängig, und mit der alten Frau sei einfach kein Auskommen.

Hanna wiederholte im Einzelgespräch, was sie schon gefordert hatte: Oskar müsse mit der Geliebten brechen und sich wieder ihr zuwenden, alles andere sei unzumutbar, die Kinder hätten schon Ängste und würden keine Nacht mehr durchschlafen, weil sie ihnen erklärt habe, warum sie so oft weinen müsse, das liege an der anderen Frau, mit der sich der Vater zusammengetan habe. Sie habe leider noch nicht herausgefunden, wo diese Person lebe. Wenn sie das herausfinde, würde sie ihr sagen, was es bedeute, eine Familie zu zerstören.

Über ihre Kindheit sagte Hanna nur, die sei ganz normal gewesen; als sie von Oskars Aussage erfuhr, zuckte sie die Achseln und meinte, er höre immer das Gras wachsen, sie sei mit einem Stiefvater aufgewachsen, ihr Erzeuger habe die Mutter verlassen, sei ein Hallodri gewesen, aber das bedeute nichts,

7. Ein Feind genügt für einen Krieg

sie sei adoptiert worden und habe sich immer als das Kind dieser Eltern erlebt. Die Mutter sei sehr streng gewesen, als sie in die Pubertät kam, deshalb sei sie von zu Hause fortgezogen, sobald sie 18 Jahre alt war. Aber jetzt sei das Verhältnis bestens, die Kinder würden die Oma lieben, sie fahre jedes Jahr einmal mit ihnen zu ihr und verbringe eine Urlaubswoche dort, wenn Oskar auf seine Juristenfortbildung müsse.

In der zweiten gemeinsamen Sitzung gibt es einen erbitterten Streit, Hanna verlässt wütend das Behandlungszimmer, Oskar geht ihr nach, er müsse sie jetzt beruhigen, er werde anrufen. Der Therapeut bleibt zurück und rekonstruiert, was geschehen ist. Hanna hat über einen nicht rechtzeitig gelöschten Anruf der Geliebten auf Oskars Handy deren Namen und Adresse herausgefunden. Sie hat angerufen; die Geliebte hat ein Gespräch verweigert, sie solle diese Angelegenheit mit Oskar klären. Darauf suchte Hanna die Geliebte in ihrer Wohnung auf, klingelte Sturm, als diese sie nicht einlassen wollte; die Geliebte rief Oskar an, der Hanna mit sanfter Gewalt in sein Auto lud und sich bei seiner Geliebten entschuldigte.

In der Diskussion über diese Szene zeigte sich ein ähnliches Bild wie in den früheren Diskussionen über Hannas Art, die Kinder in den Paarkonflikt »einzuweihen«. Hanna ist überzeugt, dass eine betrogene Ehefrau nicht nur alles Strafende und Entwertende tun darf, sondern geradezu tun muss, um den Partner zurückzuzwingen und die Geliebte aus dem Feld zu schlagen. Die Zerstörungen, welche sie auf diesem Weg anrichtete, konnte sie ebenso wenig wahrnehmen wie deren negative Auswirkungen auf ihre eigene Situation.

Im Grunde war Hanna von Oskar kaum weniger manipu-

7. Ein Feind genügt für einen Krieg

liert worden, als sie versuchte, ihn zu manipulieren. Oskar konnte ein Bild der unterschiedlichen Gefühle und Wertvorstellungen in einer solchen Situation aufrechterhalten und sich daher den Aktionismus ersparen, in den Hanna verfiel. Aber er nahm, wie die juristische Formel lautet, »billigend in Kauf«, dass sich Hanna unmöglich machte. So fiel es ihm leicht, ihre Vorwürfe zu parieren, er habe die Familie zerstört – war nicht sie es, welche die Kinder diesen unerträglichen Belastungen ausgesetzt hatte? Auch seine Geliebte »verstand«, wie schwer er es mit einer solchen Frau hatte.

Er setzte diese Form der Manipulation in der Paartherapie fort, indem er von Hanna in der dritten Person sprach: »Meine Frau hat es für nötig befunden, dieser anderen Frau eine fürchterliche Szene zu machen, ich bin inzwischen im ganzen Stadtviertel als der Ehemann bekannt, der seine kreischende Frau in sein Auto laden muss, während die Nachbarn aus dem Fenster hängen, ich finde, dass Hanna maßlos übertreibt, stelle mir vor, wie wir in zehn Jahre alle über diese Geschichte lachen!« Hanna konnte darauf nicht anders reagieren, als ihm erneut seinen Ehebruch vorzuwerfen, ihm das Leid der Kinder vorzuhalten und ihm zu drohen, dass er die Kinder nicht mehr sehen und das Haus nicht mehr betreten dürfe, wenn er sich nicht ändere.

Den Hinweis, dass sie sich hier auf ein Scheidungsrecht berufe, das es seit 30 Jahren nicht mehr gebe, konnte Hanna nicht mehr aufnehmen, ebenso wenig die Deutung, dass sie doch sehr in Not sein müsse, um so unversöhnlich zu drohen. Oskar hob die Stimme und sagte, er wolle nicht den Juristen herauskehren, wenn aber Hanna gar nicht begreifen wolle, dass er genauso viel Recht auf die Kinder habe wie sie, sei sie in ihrem Eifersuchtswahn völlig gaga geworden. Daraufhin schrie Hanna, sie ertrage es nicht mit diesen zwei Männern, die beide gegen sie seien und ihr sogar noch die Kinder wegnehmen wollten, das sei keine Therapie, das sei ein Tribunal. Sie brach in Schluchzen aus und verließ den Raum.

Oskar kam noch einige Male. Es gelang ihm und Hanna, die Situation wieder zu entspannen. Er nahm sich eine kleine Wohnung, verbrachte aber viel Zeit mit der Familie. Die Kinder schliefen wieder, und ihre Schulleistungen besserten sich. Hanna hielt an ihrem negativen Urteil über die Psychotherapie fest; sie ließ sich Psychopharmaka verschreiben. Aus der Arbeit mit Oskar greife ich eine kleine Szene heraus, die zum Verständnis der Mobbing-Dynamik zwischen den beiden beiträgt. Nachdem Oskar ausgezogen war, galt es, des zehnjährigen Hochzeitstages zu gedenken. Oskar hatte den Termin keineswegs vergessen, der immer gefeiert worden war. Aber er wusste nicht, was er tun sollte.

»Hätte ich ihr einen Strauß mit hundert roten Rosen schenken sollen und sie groß zum Essen ausführen, oder in die Oper? Das sind doch alles falsche Töne. So habe ich gar nichts gemacht, und prompt kam um vier Uhr die SMS, etwas wie »ich danke dir, dass du mir die wichtigsten Jahre meines Lebens kaputt gemacht hast! – Was hätte ich tun sollen?«

»Keine Rosen schicken, sondern irgendwelche Freundschaftsblumen, gelbe Rosen vielleicht oder rosa Nelken, und eine Karte: Ich danke dir auch in diesen schwierigen Zeiten für das Gute, das wir zusammen erlebt haben.«

»Da habe ich mir den ganzen Tag den Kopf zerbrochen,

7. Ein Feind genügt für einen Krieg

und Sie sagen das einfach so, nach einer Minute, wie machen Sie das nur?«

Zwar überlege ich immer, ob Ratschläge angebracht sind, aber ich finde ein analytisches Repertoire in der Familientherapie arm, wenn es gänzlich auf sie verzichtet. Ich wollte Oskar zeigen, wie sehr ihn die symbiotische Sehnsucht unbewusst immer noch fesselte, wie wenig er sich eine liebevolle Trennung von Hanna vorstellen konnte. Mein Vorschlag des »freundschaftlichen« Geschenks und der Erinnerung an das gemeinsam Erlebte, unzerstörbare Gute gefiel Oskar. Er erkannte darin etwas, das er gern getan hätte, worüber er aber nicht verfügte, weil er es gewohnt war, seine Beziehungen sozusagen von den Frauen machen zu lassen und sich in das von den Frauen im Guten wie im Bösen Gemachte einzufügen.

Oskar nahm chamäleongleich die Reife seiner sozialen Umwelt an. Hanna hingegen verfügte nur über sehr begrenzte Möglichkeiten, eine reifere Position einzunehmen. Ich bin mir keineswegs sicher, ob sie mit dem von mir vorgeschlagenen Geschenk zum zehnten Hochzeitstag etwas hätte anfangen können. Aber ebendieser Punkt scheint mir sehr wichtig: unerschütterlich die Haltung einzunehmen, dass der Partner weder perfekt noch wertlos ist, dass es zum Leben gehört, Gutes zu verlieren, dass es deshalb aber nicht notwendig ist, die eigene Geschichte auszulöschen und so zu tun, als sei sie nur ein Fehler gewesen.

8. Mobbing und Neid

Soziale Probleme der hochentwickelten Konsumgesellschaften erkennt man meist daran, dass sie mit einem englischen Fremdwort bezeichnet werden. Mobbing und Stalking stehen nicht für eine neuartige, wohl aber für eine wachsend belastende Thematik, die sich mit dem Grundkonflikt der (post)modernen Gesellschaft verknüpfen lässt.

Die Bedürfnisse nach Wohlstand und Sicherheit sind enorm gewachsen. Versagungen, die früher selbstverständlich hingenommen wurden (etwa zu frieren, zu hungern, nicht jeden Tag zu duschen und frische Wäsche zu haben) gelten als unerträglich und unzumutbar. Postmoderne Konsumgesellschaften leben über ihre Verhältnisse und können nur eine beneidete Minderheit mit dem versorgen, was einst allen Bürgern versprochen wurde – die geräumige Wohnung, die feste Arbeit, aufmerksame Ärzte, eine verlässliche Polizei.

Mobbing und Stalking transformieren das vertraute Rache-Thema, indem sie es mit Erwartungen an eine heile, von einem Happy End bestimmte Welt verknüpfen. Durch die Rache am enttäuschenden Objekt hindurch greifen beide nach dem befriedigenden, idealisierten Objekt. Sie erreichen in der Regel das Gegenteil. Beiden gemeinsam ist, dass ein

8. Mobbing und Neid

Mensch verfolgt und gequält wird, um narzisstische Bedürfnisse eines anderen Menschen zu befriedigen.

Was hat Mobbing zu einem so beliebten Konzept gemacht, das in den Medien viel Aufmerksamkeit findet, eine breite Literatur generiert und in seiner volkswirtschaftlichen Bedeutung mit Zahlen belegbar ist?[11] Eine wichtige Rolle spielt sicher die Entwicklung flacher Hierarchien und des Teamkonzepts. Damit ist die systematische Erniedrigung und Entwertung, die in traditionell hierarchischen Strukturen als etwas galt, das nach dem Motto »Lehrjahre sind keine Herrenjahre« zu ertragen war, zu etwas geworden, was unerträglich ist. Wenn wir einen der Filme sehen, in denen sich Hollywood mit militärischen Ritualen auseinandersetzt, können wir wahre Extreme des Mobbings als Teil eines nicht weiter hinterfragten, »normalen« Umgangs mit Rekruten sehen. Ähnliches beschreibt der Geheimrat Sauerbruch nicht ohne Selbstzufriedenheit in seiner Autobiographie über das »Schleifen« junger Ärzte.

Dazu passt, dass Mobbing gehäuft auftritt, wo die Arbeit nicht eindeutig bewertet werden kann (etwa an Stückzahlen, Umsätzen, handwerklichen Leistungen, Dienstzeiten): bei Führungskräften, im Verwaltungsbereich, unter Lehrern und Erzieherinnen, in den Pflegeberufen.

Thomas Kirchen, der eine schöne Studie über Mobbing im Bildungs-, Sozial- und Gesundheitswesen vorgelegt hat, zitiert in diesem Zusammenhang eine Arbeit aus dem Bereich der Frühpädagogik: »Ein Erklärungsansatz für die erhöhte Mobbing-Quote in erzieherischen Berufen vermutet, dass etwa um die Qualität von Erziehungsmaßnahmen und eine rechtmäßige sozialemotionale Zuwendung von Kindern und Eltern viel eher und verletzender gebuhlt und gestritten werden kann als über die Qualität eines handwerklichen Produktes.«[12]

Das bedeutet wohl, dass wir Mobbing in der Arbeitswelt am ehesten dort zu erwarten haben, wo die narzisstischen Bedürfnisse wenig reflektiert und diszipliniert werden können und die Grenzen zwischen »Arbeit« und »Liebe« verschwimmen. Die festen, traditionellen und hierarchischen Rollenkrusten haben sich aufgelöst, welche die narzisstischen Bedürfnisse der Menschen kanalisiert und unterdrückt haben.

Wenn wir Adam und Eva nach der Vertreibung aus dem Paradies belauschen könnten, ist die Wahrscheinlichkeit groß, dass wir einer Mobbing-Szene begegnen: Die Illusion einer heilen, nur von Liebe und guten Gefühlen beherrschten Welt ist zerbrochen. Um sie wiederherzustellen oder – da das nicht gelingt – sich wenigstens für ihren Verlust zu rächen, werden große Anstrengungen unternommen. Es geht dabei darum, eine(n) allein Schuldige(n) zu benennen, um zu verleugnen, dass es etwas Schlechtes gibt, dass es real ist und durch Schuldzuweisungen nicht aus der Welt geschafft werden kann.

Gekonnter Umgang mit Aggressionen gehorcht dem aus Straf- und Verwaltungsrecht bekannten Grundsatz der Verhältnismäßigkeit. Diese Verhältnismäßigkeit ist eine hohe geistige und moralische Leistung, was sich beispielsweise auch darin zeigt, dass sie sehr schnell in Zeiten des Terrors verloren geht. »Fehler«, beispielsweise mangelnde liebevolle Zuwendung, Aufmerksamkeit, berufliches Versagen müssen nach diesem Konzept des mäßigenden Umgangs mit Aggressionen abgestuft und differenziert wahrgenommen werden.

8. Mobbing und Neid

Erst dann kann beispielsweise entschieden werden, ob die bisherigen Regelungen ausreichen oder wir neue Gesetze brauchen. (Ein typischer Bruch der Verhältnismäßigkeit in der öffentlichkeitsgeilen Moderne: Kaum passiert etwas, schreit jemand nach »schärferen Gesetzen«.) Erst dann kann entschieden werden, ob es sich um einen professionellen Fehler handelt, dessen Mitteilung für die Qualifikation eines Mitarbeiters spricht, oder um einen Fehler, der gegen diese Qualifikation spricht.

Das Mobbing in der Liebe unterscheidet so wenig wie das Mobbing am Arbeitsplatz, ob der beklagte »Fehler« ein Zeichen einer Entwicklungschance ist oder ein Signal dafür, dass der oder die Betreffende für das Unternehmen Liebespartnerschaft ungeeignet ist.

Statt dem entwicklungsfähigen Partner eine Chance zu geben oder sich von dem entwicklungsunfähigen zu trennen, wird im Mobbing der Partner entwertet, ohne sich für oder gegen ihn zu entscheiden, in der aberwitzigen Hoffnung, er werde sich dann wie durch ein Wunder in genau das verwandeln, dessen Mangel das Selbstgefühl und die Aggressionsverarbeitung des mobbenden Partners überfordert hat.

9. Wozu Mobbing gut ist

Angesichts einer Plage denken wir meist so energisch daran, sie loszuwerden, dass wir es versäumen zu ergründen, ob sie nicht vielleicht auch einen verborgenen Nutzen entfalten kann.

Mobbing ist ein Warnzeichen, ähnlich dem Schmerz. In Zuständen der Qual wünschen wir uns sehr, endlich schmerzfrei zu sein. Und doch sind jene Personen schwer krank und hoch gefährdet, die keinen Schmerz empfinden können und deren Leben nicht von diesem Warnsignal bewacht wird. Wir können Mobbing als Schmerz in symbiotischen Beziehungen ansehen, als Ausdruck einer Verletzung nicht des Körpers, sondern einer sozialen Erwartung von einer ganz spezifischen, grenzüberschreitenden Qualität.

Viele Philosophen – einer der jüngeren und vielleicht eindrucksvollsten ist Karl Marx – sind zu dem Ergebnis gekommen, dass nicht der materielle Besitz oder die Hinwendung zu einem imaginierten höheren Wesen über unser Wohlergehen entscheiden, sondern unsere Beziehungen zu anderen Menschen. Schiller hat es in seiner Ode an die Freude nicht weniger ausdrucksvoll gesagt: Wer nur einen Freund hat, dem gehört etwas Besonderes, was allen anderen mangelt.

Glücklich die, welche in ihren Erwartungen an ihre Freunde realistisch sind und daher nicht von diesen enttäuscht werden. Aber in jeder leidenschaftlichen Liebe schwingt ein Element von Kontrolle, von Besitz, – »wer nur eine Seele sein nennt auf dem Erdenrund«. Zum Besitz gehört, dass wir verfügen können, dass unsere Erwartungen erfüllt werden. Mein Auto steht an seinem Platz und wartet, bis ich es brauche. Wenn es nicht dort ist oder nicht funktioniert, ängstigt mich das und macht mich wütend, und es ist doch nur ein Ding.

Menschen hingegen können diese schlichte Erwartung, dass sie an ihrem Platz bleiben und sich so wiederfinden lassen, wie ich sie nach dem letzten Treffen in Erinnerung behalten wollte, auf viel grausamere Weise verletzen. Sie können nicht da sein, sie können sich verweigern, sie können mir sagen, dass inzwischen etwas oder jemand anderer wichtiger geworden ist als ich.

Mobbing ist nur ein Zeichen, dass eine Person in ihren Beziehungserwartungen in einer Weise verletzt wurde, die sie nicht mehr vernünftig und zweckmäßig bewältigen kann. Ich finde diesen Aspekt für den Umgang mit Mobbing in Beratung, Führung und Therapie bedeutsam, weil er Abstand zu einer moralischen Entwertung herstellt, in der dann sehr schnell mit dem Mobbing-Vorwurf seinerseits gemobbt wird.

Jetzt verstehen wir auch die oft beklagte Gefahr eines viel zu breiten, trivialisierten Umgangs mit dem Mobbing-Begriff. Dieser ist kein lästiges Versagen differenzierten Denkens, sondern mit dem Problem innig verknüpft. Wer mobbt, will etwas loswerden, will etwas aus der Welt schaffen, das ihn kränkt. Daher kann er gar nicht mehr differenzieren, im Gegenteil: Sobald ich die Realität als so kränkend empfinde, dass ich sie aus meinem Gesichtskreis katapultieren möchte, kann ich nicht differenzieren.

Eine Person kränkt mich. Wenn ich sage: »Ich werde gemobbt«, muss ich sie nicht mehr als Person wahrnehmen und weder meine noch ihre Interessen in unserer Beziehung erkunden. Diese Person ist schuld, dass ich mich schlecht fühle, ausgegrenzt, entwertet.

Mobbing steht für ein zentrales Dilemma der Kränkungsverarbeitung. Wir können kleine Verletzungen verarbeiten. Große überfordern uns und schwächen dann auch noch die Möglichkeit, mit kleinen Kränkungen fertigzuwerden. Insofern ist Mobbing ein Zeichen dafür, dass die Fähigkeiten geschwächt und überlastet sind, mit Kränkungen umzugehen. Diesen Zeichencharakter zu erkennen wird erschwert, weil Mobbing keinerlei kommunikative Absicht erkennen lässt, sondern im Gegenteil in der Art der Kommunikation ausdrückt, dass dem Gegenüber das Existenzrecht abgesprochen wird und es besser nicht antworten, sondern verschwinden sollte.

Eine solche rein negative Botschaft lässt sich dann entziffern, wenn sich die Empfänger klarmachen können, dass sie auf einer Spaltung beruht. Wer mobbt, will oft nicht wirklich vernichten, sondern versucht, durch Entwertung und Grausamkeit eine Botschaft zu übermitteln, die er auf keine sinnvollere und verständlichere Weise mitteilen kann. Er will darin wahrgenommen werden, dass er keine zusätzlichen Belastungen mehr verarbeiten kann, er gleicht darin jenen Hirnverletzten, die bei einem leisen Geräusch oder einer einfachen Rechenaufgabe in mörderische Wut ausbrechen, weil sie keinen zusätzlichen Reiz mehr verarbeiten können.

9. Wozu Mobbing gut ist

Mobbing ist eine Drohgebärde, die Aufmerksamkeit für ein überlastetes narzisstisches System wecken soll. Insofern ist die christliche Empfehlung, dem Schlagenden die andere Backe anzubieten, an Klugheit schwerlich zu übertreffen, obwohl es dem Psychologen nicht ansteht, sie zu wiederholen. Er weiß schließlich, wie schwer sie fällt und wie schlecht sie selbst unter Christen angesehen ist.

Christus hat nicht verlangt, die andere Backe gerne anzubieten und zu verschweigen, dass der Schlag schmerzt und womöglich ungerecht ist. Er meinte nur, dass eine Eskalation des Hasses vermieden werden sollte, so gut es geht. Das ist in vielen Fällen vernünftig. Es ist ein moralisches Ideal, welches der ebenso verbreiteten wie destruktiven Tendenz entgegenläuft, welche hinter dem Mobbing steht: kleine Kränkungen, Unverträglichkeiten, Enttäuschungen, Störungen mit einer Eskalation des Hasses und der Provokation zu beantworten.

Warum ist es so schwer, den eigenen Schmerz zu äußern und an die Vernunft dessen zu appellieren, der ihn zugefügt hat? Wer das tut, leistet etwas, das eine stabile depressive Position und ein festes Selbstgefühl voraussetzt. Wir können es bei Menschen erwarten, die in ihrem Leben längere, nicht von chronischer Überlastung der Kränkungsverarbeitung bestimmte Lebensphasen hatten.

Wer Mobbing nicht mit Mobbing beantwortet, muss akzeptieren können, dass Menschen einen Schatten haben und er selbst keine Ausnahme ist. Er muss eine Form der Intelligenz entwickelt haben, die nicht nur Ziele erreicht und Zweckmäßigkeiten erkennt, sondern den ganzen Menschen im Blick hat – seine Schwäche, seine Bedürftigkeit, die Risiken des

9. Wozu Mobbing gut ist

Umgangs mit anderen, die Gefahren der Kränkung und der Aggression. Es ist der Schritt vom Verstand zur Vernunft, vom Wissen zur Weisheit.

Wer andere Menschen schlecht behandelt, hat – auch wenn er noch so überzeugt zu sein glaubt, er sei völlig im Recht und diesen geschähe nur das, was sie verdient haben – oft auch ein schlechtes Gewissen. Schuldgefühle plagen ihn, es quält ihn zu sehen, dass viele Personen nicht so bösartig sind wie er, dass sie viel entspannter und liebevoller mit den Schwächen anderer umgehen.

Von diesen Schuldgefühlen wird er entlastet, wenn er von denen, gegen die er austeilte, auch etwas einstecken muss. Daher die häufig im Zusammenhang mit Mobbing zu beobachtende Erleichterung und Entlastung eines Täters, wenn das Opfer endlich unsachlich reagiert und unter die Gürtellinie schlägt. Dann ist der Täter legitimiert, er beweist sich selbst sein Recht, jemanden gemein behandelt zu haben, der auch ihn gemein behandelt hat.

In der Ehetherapie spreche ich von »Fundmunition«, wenn einer der Partner, der bisher auf verletzendes Verhalten verzichten konnte, entsprechende Hemmungen verliert und versucht, den »Gegner« mit ebenden Waffen zu treffen, die er bisher mit gutem Grund für würdelos und beziehungsfeindlich gehalten hat.

9. Wozu Mobbing gut ist

Die manische, die depressive und die humorvolle Position

Im Umgang mit den Kränkungen Erwachsener scheint eine Abwandlung des Klein'schen Modells sinnvoll, in dem wir zwischen der manisch-depressiven einerseits, der humorvollen Position andererseits unterscheiden. Die manische Position beschreibt dann die Illusion des Mobbenden, er könne durch seine Aggression die kränkenden Seiten seines Gegenübers aus der Welt schaffen, sich von ihnen erlösen, das kränkende Objekt auf magische Weise verwandeln, indem er ihm mit allen Mitteln klarmacht, dass es so, wie es ihm entgegengetreten ist, nicht existenzberechtigt ist.

Wenn sein Angriff Folgen hat und der Angreifer erkennt, dass nicht verstanden wird, wer durch wütende Entwertung um Liebe und Zuversicht wirbt, kippt diese manische Hoffnung in eine Depression. Beim Mobbing am Arbeitsplatz spiegelt sich diese Entwicklung darin, dass sich die »Erlösung von dem Übel« in ihr Gegenteil verwandelt. Sobald das Mobbing-Opfer zurückschlägt, zahlt der Täter einen hohen Preis für Aktionen, durch die er Frustrationen verarbeiten und einen Sündenbock für seine gestörte Kränkungsverarbeitung gewinnen wollte.

Er fühlt sich jetzt selbst als Opfer und klagt seine Verfolger an. Ob in der Liebe oder im Betrieb – meist findet der Beobachter keinen Täter, der sich zur Tat bekennt, sondern zwei Opfer, die jeweils ihr Gegenüber als den wahren Täter bezichtigen.

Es ist etwas Merkwürdiges darum, in dieser Situation die humorvolle Position zu vertreten. Das hängt damit zusammen, dass die gestörte Kränkungsverarbeitung sich in erster Linie als Rechthaberei äußert. Das manische Streben nach einer perfekten Lösung lässt sich keineswegs zuverlässig durch eine humorvolle Perspektive irritieren. Im Gegenteil: Es entwertet den Humor (»Sie nehmen das Problem nicht ernst!« – »Achten Sie auf die Würde des Tribunals!«.) Oder aber es greift nach dem Humor und will ihn erzwingen. »Wir haben doch in der letzten Therapiestunde vereinbart, dass wir humorvoller miteinander umgehen. Und jetzt nimmst du meine Kritik schon wieder so bitter ernst und machst mir eine Szene!«

Nun zeichnet sich Humor gerade dadurch aus, dass er in unlösbaren Situationen aufblüht. Humor ist zwar nicht gut, um gekränkten Menschen weiterzuhelfen, aber doch das Beste, was wir haben.

Gut wäre, wenn die Verletzungen niemals stattgefunden hätten, unter denen die Beteiligten an einer Mobbing-Szene leiden. Gut wäre, wenn Menschen ohne Traumatisierungen, ohne mehr oder weniger massive Einschränkungen ihrer Kränkungsverarbeitung heranwachsen könnten. Gut wäre, wenn Kinder nicht bei den kleinsten Fehlern derart in Angst und Schrecken gesetzt würden, dass sie buchstäblich um ihr Leben fürchten. Gut wäre, wenn die Sprecher religiöser Einrichtungen den Gläubigen nicht in erster Linie die Angst vor dem Teufel einjagen würden, um anschließend ihre Gnadenmittel besser an den Mann oder die Frau zu bringen. Gut wäre, wenn in einem zivilisierten Land im Herzen Europas nicht jedes Jahr mehr als hundert Kinder von ihren Eltern totgeschlagen würden.[13]

9. Wozu Mobbing gut ist

Humor ist Suche und überraschender Fund des Guten im Übel. Die eng verwandte Ironie konzentriert sich eher darauf, das Übel im Guten zu finden, um uns vor einem naiven Glauben an dessen Beständigkeit zu bewahren. In der Sprache einer Theorie der Beziehungen: Ironie bricht die Idealisierung, Humor hingegen bricht die aggressive Entwertung. Ironie schützt das Ich vor dem Sturz aus der Grandiosität, indem es diesen spielerisch vorwegnimmt; Humor »ist, wenn man trotzdem lacht«, er schützt das Ich vor der Verfinsterung in einer Depression. Wenn wir das bekannte Symbol von Ying und Yang betrachten, so erkennen wir in vielen Darstellungen einen dunklen Kreis in der hellen Seite und einen hellen Kreis in der dunklen: Es sind die »Keime« des jeweils Entgegengesetzten. Der Lichtkeim im Dunklen entspricht dabei dem Humor, der Dunkelkeim im Lichten der Ironie. Die Mischung setzt das Primat des Lebens gegen den Perfektionismus, mit dessen Hilfe eine traumatisierte Psyche ausschließlich im Reinen, Hellen und Guten verweilen möchte.

In seinem Aufsatz über Humor (1927) sagt Freud: »Der Humor hat nicht nur etwas Befreiendes wie der Witz und die Komik, sondern auch etwas Großartiges und Erhebendes, welche Züge an den beiden anderen Arten des Lustgewinns aus intellektueller Tätigkeit nicht gefunden werden. Das Großartige liegt offenbar im Triumph des Narzissmus, in der siegreich behaupteten Unverletzlichkeit des Ichs. Das Ich verweigert es, sich durch die Veranlassungen aus der Realität kränken, zum Leiden nötigen zu lassen, es beharrt dabei, dass ihm die Traumen der Außenwelt nicht nahegehen können, ja es zeigt, dass sie ihm nur Anlässe zu Lustgewinn sind.«

Ironie hat zwei Gesichter: Sie kann verletzen und daher selbst ein Instrument des Mobbings werden, wenn sie ungefragt und ohne Einfühlung die (Selbst-)Idealisierung eines Gegenübers bloßstellt und in ihrer Fragwürdigkeit benennt. Sie kann hilfreich sein, wenn sie hemmende und bedrückende Formen des Werterlebens aufgreift, sie in Frage stellt und dadurch Entwicklungsmöglichkeiten eröffnet. In diesen zweiten Fällen ist sie mit Selbstironie gemischt und baut eine emotionale Beziehung, eine Solidarität in der Bewältigung menschlichen Scheiterns auf.

Beide Qualitäten, die Ironie und der Humor, stellen sich den primitiven Reaktionen auf eine Kränkung in den Weg. Aber wie die verletzende Qualität der Ironie zeigt, sind auch sie kein Rezept in einem technischen Sinn. Humor und Ironie sind kreative Haltungen angesichts der Frage, wie wir mit Kränkungen umgehen sollen. Wer sie für Techniken hält, läuft Gefahr, die Kränkung nicht zu mildern, sondern sie nur in eine andere Sprache zu übersetzen.

10. Rückzug als Mobbing-Strategie

Eine der Thesen, für die ich in Paartherapien werbe, ist die von Rückzug und Gewalt. Ich sage etwa: »Sie sollten sich darüber klar sein, dass Rückzug unter den destruktiven Formen der Beziehungsgestaltung an zweiter Stelle steht – noch schlimmer ist nur die körperliche Gewalt!« Jetzt, wo ich schriftlich weiterdenke, kann ich darüber gründlicher argumentieren und mich vor allem der Frage stellen: Ist Rückzug denn nicht besser als Streit? Als verbale Auseinandersetzungen, Schimpfworte, Vorwürfe, offener Zank?

Außerhalb der therapeutischen Situation mit ihren Möglichkeiten des unmittelbaren Kontakts, der extremen und dann wieder zurückgenommenen Formulierung, die Aufmerksamkeit weckt und eine Debatte eröffnet, scheint es mir doch ein wenig krass, so negativ über den Rückzug zu sprechen. Rückzug ist doch ein Element der Freiheit. Tiere werden gefährlich, wenn ihnen der Rückzug abgeschnitten ist. Die menschliche Psyche lässt sich besser verstehen, wenn wir diesen Aspekt des abgeschnittenen Rückzugs beachten.[14] Zur menschlichen Kulturentwicklung gehört der schrittweise Verlust von Rückzugsmöglichkeiten.

Jäger und Sammler lösen beinahe alle sozialen Konflikte durch Rückzug: Wer auf einem der von losen Sippenverbän-

10. Rückzug als Mobbing-Strategie

den und Großfamilien besiedelten Lagerplätze mit den Nachbarn Streit hat, zieht einfach weiter an einen anderen Ort, zu einem anderen Lagerplatz; die einzelnen Gruppen tauschen ständig Mitglieder aus.

Erleichtert wird diese elegante Lösung von Nachbarschaftsstreit durch die Tatsache, dass auf dieser Kulturstufe Besitz buchstäblich Bürde ist: Jeder kann nur so viel besitzen, wie er (seine Frau, seine Kinder) bereit sind zu tragen. Diese mühelose und kostengünstige Konfliktlösung lässt den Mythos vom Goldenen Zeitalter, als die Menschen in Frieden lebten von dem, das die Natur ihnen schenkte, als mehr erscheinen denn als frommen Wunsch und paradiesischen Traum. Aber wir sind nicht in diesem Stadium geblieben, obwohl wir es doch jeden Tag in unseren Genen zu spüren meinen – muss ich zu diesem Familienfest? Soll ich aufstehen? Ich will den Chef, der mich kritisiert hat, nie wieder sehen, nie wieder etwas mit ihm zu tun haben. Warum kann ich das defekte Auto nicht einfach stehen lassen, sondern muss mich noch darum kümmern, dass es repariert oder verschrottet wird?

Seit der Entwicklung von Viehzucht, Ackerbau, Städtegründung, Krieg und Gesetz lebt der Mensch in einem Zustand der latenten seelischen Überforderung. Ihm wurden mehr und mehr Rückzugsmöglichkeiten abgeschnitten. Das mag in den traditionellen Kulturen noch radikaler und engherziger gewesen sein als heute, galt aber immerhin für alle gleich und war deshalb durch den Halt unterstützt, den die Menschen aneinander hatten.

Heute müssen wir unseren Rückzug durch Pflicht- und Schuldgefühle selbst aufhalten, müssen täglich an Orte ge-

10. Rückzug als Mobbing-Strategie

hen, die wir lieber nicht aufsuchen würden, und spüren oft nicht einmal, wie das unseren Blutdruck in die Höhe treibt, bis uns der Hausarzt, zu dem wir schließlich auch nicht gerne gehen, bei der Vorsorgeuntersuchung ertappt und zur Medikation nötigt.

Und doch ist es nicht nur eine zentrale Form des Mobbings am Arbeitsplatz, jemanden von Kommunikationen auszuschließen, an denen andere teilhaben – wie bedrohlich, wenn ein Gespräch verstummt, sobald ich einen Raum betrete, und sogleich wieder beginnt, sobald ich ihn verlasse! Es ist auch eine zentrale und in ihrer Unauffälligkeit besonders gefährliche Form des Mobbings in der Liebe, sich vom Partner zurückzuziehen. Oft rechtfertigt dabei ein Rückzug den anderen, das Ergebnis nennen wir dann »Auseinanderleben«, das wir besser Beziehungssterben nennen sollten. Leben findet dort statt, wo der Partner nicht ist, wenn ich den Eindruck habe, dass mich dieser entwertet oder mich ignoriert, sobald ich mich zeige.

Übersehen

Der Mensch ist ein Augenwesen; weitaus die meisten Informationen strömen durch unsere Sehnerven in das Gehirn. Daher ist es auch ein elementares Bedürfnis, sich zu zeigen und wahrgenommen zu werden. Gesunde Dreijährige, die in gutem Kontakt mit ihrer sozialen Umwelt leben, sind wunderbare Beispiele für jene Künste, die wir später mühsam in Psychodrama- und Rhetorikkursen lernen müssen. Sie sprechen mit klarer, lauter Stimme, auch wenn sie ein Wort nicht genau kennen, sie zeigen deutlich, wen sie lieben und wen sie hassen, sie können sich binnen weniger Minuten zu Weltvernichtern verfinstern und zu Welterlösern aufleuchten. Es ist die Frühblüte der kindlichen Erotik, in der Exhibitionismus von zentraler Bedeutung ist; es ist jene unsterbliche Zeit, in der Mythen und Märchen wahr werden.

Und was machen wir aus diesen Kindern? Wir bemühen uns manchmal, ihnen diese Ausdrucksstärke zu erhalten. Es ist schön für Kinder, wenn ihre Eltern selbst Schauspieler, Maler, Musiker geblieben sind und dieses exhibitionistische Element aufgreifen können. Aber den meisten Eltern jagt es Schrecken ein, und sie fürchten sich. Aus dem Kind kann nichts werden, wenn es so bleibt, es ist nicht bescheiden, es überschätzt sich, es wird fürchterlich auf die Nase fallen, davor müssen die guten Eltern es durch eine energische Erziehung zur Bescheidenheit bewahren. Und natürlich sind im Kindergarten, in der Schule, in Lehre und Laboratorium die Rituale zahlreich, in denen der Exhibitionismus beschämt, dem zeigefreudigen Kind vermittelt wird, dass es doch nichts Besonderes ist, wenn man springt, tanzt, singt, sich zeigt; dass nur der Angepasste bewundert wird und es eine genaue Skala gibt, wer die oder der Schönste, Klügste, Beste ist.

Diese exhibitionistische Versagung löst eine Wut aus, die jedoch unterdrückt werden muss, weil sich das Kind meist von den Personen abhängig fühlt, die sie ihm antun. Die Kontrolle dieser narzisstischen Wut gelingt besser, wenn wir sie gegen andere richten, vor allem gegen jene, die noch so naiv sind, wie wir einmal waren und vermutlich gerne geblieben wären. Und so gibt es keine unbarmherzigeren Kritiker des Exhibitionismus als die Mitschüler, die Geschwister, die Kollegen im Team. Wer etwas Besonderes sein, wer auffallen will, wird gemobbt.

Übersehen ist dabei die einfachste, aber auch wirkungsvollste Form. Aus ihr kann niemand einen Vorwurf ableiten, und aus ebendiesem Grund führt es in Liebesbeziehungen so oft dazu, dass das Leben in der Beziehung schwächer wird, die Sexualität stirbt und schließlich nur noch die leere Hülle festgehalten wird bis zu einer Konfrontation mit diesem Zustand.

»Du bist zu dick!«

In den letzten 20 Jahren hat sich die Zahl der Spätscheidungen um den einstigen Termin der Silberhochzeit (d. h. nach 25 Ehejahren) verdoppelt. Im Fall von Helga und Klaus geht die Initiative von der Frau aus. Sie haben drei Kinder. Klaus betont seine großzügige finanzielle Unterstützung, Helga beklagt, er habe wenig echten Kontakt zu ihnen und schulmeistere sie. Beide haben seit fünfzehn Jahren keine sexuelle Beziehung mehr.

Klaus berichtet, er habe sich damals zurückgezogen, weil Helga zu wenig auf ihre Figur achtete. Die Rekonstruktion des Verschwindens der Erotik aus der Beziehung von Helga und Klaus zeigt die Eskalation von Rückzügen. Es lässt sich eine Art traumatischer Urszene rekonstruieren, die Helga bis heute nicht vergessen hat. Sie waren jung verheiratet, als sie auf einem Spaziergang in einem belebten Park an einem schönen Sommerabend verliebt nach seiner Hand fasste. Er schüttelte sie ab, mit der Bemerkung, er wolle nicht so verheiratet aussehen, wo ihnen so viele Menschen begegneten.

Helga ist bis heute gekränkt. Sie hat kein Verständnis dafür aufbauen können, dass Klaus ihre zärtliche Geste als Bemächtigung missverstanden hat. Er ist Zärtlichkeit nicht gewohnt, kann nicht mit ihr umgehen; er ist zwar ein fürsorglicher Mensch, der nach Kräften hilft, wo er gebraucht wird, aber er kann sich nicht gut einfühlen und urteilt über andere Menschen stets so, wie er über sich selbst urteilen würde. Er kann sich zwar benehmen, schließlich war er in der Tanzschule und in der Studentenverbindung, aber in den intimeren Strukturen seines männlichen Selbstgefühls fürchtet er, als jemand zu erscheinen, der unterm Pantoffel steht, als Weichling. Daher kann er Helga auch nicht erklären, wie sehr es ihn schmerzt, wenn sie sich nach der Geburt der Kinder erotisch von ihm zurückzieht.

Helga ist auf ihre Weise nicht weniger an ihre eigene Sicht der Ehe fixiert. Sie hat nie versucht zu verstehen, weshalb Klaus sich damals so verhalten hat.

Klaus und Helga kommen beide aus Familien, in denen es ständig Streit gab und die Eltern sich entwerteten. Klaus' Vater war ein Arbeiter, der seine Frau und seine Kinder anschrie, wenn er getrunken hatte. Die Mutter nannte er eine fette Sau und schlief dann doch geräuschvoll mit ihr.

Helga kommt aus einer Akademikerfamilie, in der die Mutter immer wieder Liebschaften hatte und den Vater einen Spießer nannte, der es nur zu einem kleinen Beamten gebracht habe. Wenn sie nur nicht die Torheit geritten hätte, ihn zu heiraten, wäre ihr eine Karriere als Musikerin sicher gewesen.

Klaus wollte nie primitiv und gewalttätig sein, sondern souverän, ein Gentleman. Helga wollte nie liederlich sein und ihre Kinder vernachlässigen. Zu Beginn der Ehe funktionierte diese Konstellation gut: Helga erkannte in Klaus einen absolut zuverlässigen und treuen Partner, Klaus in Helga eine Frau, die eine viel höhere und schönere Vorstellung von einem gemeinsamen Leben hatte als seine Eltern. Aber die Selbstgefühlsschwächen beider gefährdeten schon früh den erotischen Dialog.

Die gegenwärtige Krise signalisiert den desolaten Spätzustand. Klaus empfindet Helga als Teil seines Lebens, er fürchtet, dass alles zusammenbricht, was er aufgebaut hat. Das Haus muss verkauft werden, die Kinder sind unglücklich, die Freunde werden ihm Vorwürfe machen, schließlich ist er fremdgegangen. Er hat zwar Helga zu Hause kritisiert, sie aber seinen Freunden gegenüber stets verteidigt und hochgehalten. Niemand wird verstehen, warum er ihr nicht treu geblieben ist, und er kann das auch niemandem erklären. Alles, was er Helga gegenüber vorbringen kann, sind die Normerfüllung – man lässt sich nicht scheiden! – und der Undank – er habe sie viele Jahre versorgt. Beide Argumente bringen Helga noch weiter auf Abstand.

Klaus würde am liebsten alles so lassen, wie es ist. Die Freundin festigt sein Selbstgefühl, das durch den (nach außen verleugneten) Verlust seiner beruflichen Geltung nach dem Eintritt in den »Ruhestand« gefährdet war. Aber er kann sich ein

»Du bist zu dick!«

Leben ohne Helga nicht vorstellen. Seine Ängste projiziert er zum Teil in die soziale Umwelt – was werden die Freunde, die Nachbarn sagen –, zum Teil in die Bedürfnisse der »Kinder«. Diese dürfen nichts erfahren, ihnen soll erspart werden, Scheidungskinder zu sein.

Die menschliche Sexualität ist durchwachsen von emotionalen Funktionen, die über die Befriedigung des Triebes hinausgehen. Wenn wir die Bindungen aufdröseln, die sie erzeugt, finden wir einen Strang der Bemächtigung und Kontrolle des Partners. Er soll Selbstobjekt sein, den eigenen Halt im Leben stärken und festigen. Dazu kommt eine Komponente der Zärtlichkeit, des Austausches und der Fürsorge. Menschen, die beide Stränge in die Erotik einweben können, behalten ihre sexuelle Aktivität bis ins hohe Alter. Die Mobbing-Gefahr geht von der Bemächtigungskomponente aus. Klaus wollte beispielsweise Helga schlank und entwertete sie, weil sie nach der Geburt der Kinder nicht so auf ihre Figur achtete, wie er das tat. »Ich nörgle doch nicht. Ich habe einmal, ein einziges Mal gesagt, dass ich die Lust verliere, wenn Helga eine Figur hat wie meine Mutter. Sie hat das nicht geändert, es hat sie nicht interessiert. Ich habe nichts mehr gesagt, ich habe dann eben auch verzichtet, es ist mir anfangs schwer gefallen, aber ich habe mich nicht beklagt. Die Familie ist wichtiger!«

Helga hatte in Klaus' unbewusster narzisstischer Phantasie versprochen, ihm sexuelle Gefährtin zu sein, was für ihn hieß, sie werde niemals seiner Mutter ähnlich werden, gegen die er eine tiefe, aus ödipalen Abwehrbedürfnissen gespeiste Abscheu empfand. Als Helga Mutter wurde, verlor Klaus einen großen Teil seiner sexuellen Leidenschaft für sie. In der Kritik am Aussehen einer Frau versuchen Männer wie Klaus die Auseinandersetzung mit ihren eigenen ödipalen Abwehrstrukturen zu vermeiden.

Helga hingegen hatte mit der Gegen-Identifizierung zu ihrer liederlichen Mutter die emotionale Freiheit eingebüßt, welche einer erotisch selbstbewussten Frau angesichts solcher Entwertung zur Verfügung steht. Helga machte Klaus Vorwürfe und klagte über den Mangel an Erotik, an Zärtlichkeit, an Bestätigung als Frau. So wurde sie einer klagenden Mutter immer ähnlicher. »Du musst aufhören zu jammern und ein Verhältnis mit deinem Tennislehrer anfangen«, sagte ihre beste Freundin. »Das könnte ich nie, dazu bin ich nicht der Mensch!«, war Helgas Antwort.

Die Freundin drückt etwas aus, das tatsächlich eine derart verfahrene Situation aufbrechen kann. Sobald dem zurückgezogenen Ehemann, der seine Frau als asexuelle Mutter erlebt, deutlich wird, wie sehr sich andere Männer für seine Partnerin interessieren, wird er viel nachdrücklicher mit seinem Rückzug konfrontiert und darin stimuliert, das von ihm verlassene Gebiet wieder zurückzuerobern, und sei es nur, um es keinem Rivalen zu überlassen.

Die ödipale Problematik dieser Männer liegt darin, dass sie von der Mutter als der »bessere« Mann aufgebaut wurden, ein braver, kontrollierter Mann, der nicht so primitiv ist wie der Vater, nicht säuft und Sex verlangt. So müssen sie ihre starke Sexualabwehr aufbauen, um dieser Anti-Vater zu sein und die sexuelle Komponente in ihrem ödipalen Sieg zu unterdrücken.

Äußerlich gleicht die Krise von Nelly und Sam dem Konflikt zwischen Klaus und Helga. Auch Sam hat eine Freundin, seit die gemeinsame Tochter ausgezogen ist und er beruflich kürzertreten muss. Sam ist Unternehmer, er hat für die Familie großzügig gesorgt, riskiert aber immer wieder in cholerischen Ausbrüchen, das gesammelte Wohlwollen zu verspielen.

Die sozialen Gegensätze im Hintergrund der Ehe sind ähnlich. Sam ist der uneheliche Sohn einer Magd, Nelly die Tochter eines Universitätsprofessors, dessen Lehrbuch noch heute überarbeitet und aufgelegt wird. Und selbst die kränkende Szene von Klaus – »dann schau ich doch so verheiratet aus!« – findet sich in ähnlicher Form. Sam ist, wenn er mit Nelly allein verreist, der aufmerksamste Begleiter und leidenschaftlichste Liebhaber. Aber er ist nie vor Bekannten zu ihr zärtlich, lässt sie auf einer Party sofort stehen oder kritisiert sie vor einer Tischgesellschaft, weil sie etwas Unüberlegtes gesagt hat.

Während Klaus geradezu zwanghaft behauptet, seine Geliebte sei keine Gefahr für die Ehe, ist Sam hin- und hergerissen. Er behauptet bald, seine Familie über alles zu schätzen, plant dann aber wieder, mit der Freundin – einer geschiedenen Universitätslehrerin und gebürtigen Amerikanerin – in die Staaten zu gehen und ein ganz neues Leben anzufangen.

Nelly hatte sich vor Sams außerehelicher Beziehung erotisch öfter verweigert, versucht jetzt aber manchmal, ihn zu verführen, indem sie nachts in sein Zimmer kommt und zu ihm ins Bett schlüpft. Sie behauptet, sie könne durchaus ertragen, dass da eine andere Frau ins Sams Leben sei, aber sie würde es nicht akzeptieren, wenn er alles mit der Geliebten und nichts mit ihr teile. Sie droht dann mit Scheidung, spricht auch vage von »Schlimmerem«. Sam soll glauben, sie wolle sich umbringen, das aber – so klärt sie ihren Therapeuten auf – habe sie nicht wirklich vor. Und sie setzt kokett hinzu: Ob er denn solches Tricksen schlimm fände?

Während Klaus und Helga zusammen in die Therapie kommen und die Initiative deutlich von Klaus ausgeht, kommt Nelly allein. Sam hält nichts von dem Psychogerede, da würde man doch eher mehr als weniger verrückt.

Zwei Jahre nach ihrer Paar- bzw. Einzeltherapie leben Klaus und Helga in Scheidung. Nelly und Sam haben gerade einen gemeinsamen Urlaub in Rom verbracht und sind so begeistert von der Stadt, dass sie überlegen, ob sie nicht dort eine Wohnung nehmen und ihren Lebensabend in Trastevere verbringen wollen. Der Therapeut hat in beiden Fällen mit ähnlichen Interventionen gearbeitet: mehr Bewusstsein für kränkendes Verhalten, Aufbau von Verständnis und Rücksicht für die Eigenheiten des/der anderen, Distanz zu eingeschliffenen Reaktionen.

Auf den ersten Blick sehen die Voraussetzungen für Klaus und Helga besser aus. Beide sind für eine Therapie motiviert. Klaus ist bereit, seine Geliebte aufzugeben, und spielt die Bindung an diese herunter, während Sam immer wieder (und zu Nellys tiefster Kränkung) fordert, sie solle ihn endlich loslassen, ihre eigenen Wege finden, er wünsche sich ein neues Leben an der Seite der Geliebten. Nelly soll, wenn es schon sein muss, zu einem Therapeuten gehen, er brauche keinen shrink. Aber er werde materiell immer für sie sorgen, das sei keine Frage.

»Du bist zu dick!«

Was bei Klaus und Helga wie Stabilität wirkt, entpuppt sich als Starre. Was bei Sam wie ein Aufbruch zu neuen Ufern wirkt, beruht auf der Überschätzung der Bereitschaft seiner Geliebten, sich in einer ähnlich liebevollen und zärtlichen Art auf seine cholerische Persönlichkeit einzulassen, wie es Nelly seit vielen Jahren tut. Die entscheidende Qualität, die Sam und Nelly hilft, eine Krise zu überwinden, an der Klaus und Helga scheitern, ist die Bereitschaft beider zur Wiedergutmachung.

Diese Beobachtung lässt sich immer wieder bestätigen. In der Ehetherapie geben nicht die vorliegenden Kränkungen, Spannungen, Konflikte den Ausschlag, sondern die mitgebrachten Ressourcen, einander zu trösten, sich gemeinsam von etwas Vergangenem zu distanzieren, etwas Neues oder auch Altes zusammen zu genießen. Der Therapeut soll sich nicht zu sehr auf den Konflikt, auf die Spannungen konzentrieren. Damit kann er Verletzungen vertiefen, was gefährlich ist, wenn sich das Paar in der therapeutischen Situation noch nicht geborgen fühlt. Wichtiger ist es, das Verbindende aufzusuchen und Aufmerksamkeit für Verluste in diesem Bereich zu wecken.

Klaus beharrt auf seinem Recht ebenso wie Helga auf dem ihren. Die Kränkungen können sich nicht auflösen; es gibt im besten Fall ein Beschweigen, einen Waffenstillstand. Beide Partner sind überzeugt, dass nur der/die andere den Konflikt lösen kann. Sam hingegen hat Nelly zwar sehr verletzt, aber er gibt sich auch Mühe, ihr zu vermitteln, dass er es bedauert, dass sie es nicht leicht mit ihm hat. Nelly ihrerseits nimmt ihn dann wieder auf, sie kann die guten Stunden genießen.

10. Rückzug als Mobbing-Strategie

Die Analyse der Problemtraditionen in einer langjährigen Ehe ist somit eher der zweite Teil der therapeutischen Intervention. Wichtiger und hilfreicher ist es zunächst, die Gegenkräfte zu finden, welche helfen, Konflikte zurückzustellen, rechthaberische Ansprüche zu zähmen und sich nach Kränkungen zu versöhnen. Solche Qualitäten sind im Alter noch mehr gefordert als zu Zeiten, in denen es nach einer Trennung leichter fällt, neue Kontakte zu knüpfen.

Auch der Therapeut sollte sich zuerst auf das konzentrieren, was vorhanden und gut ist. Das gilt beispielsweise für die Situation, in der eine wichtige Bezugsperson der Therapie feindlich gegenübersteht und sie entwertet. In dem oben beschriebenen Fall hatte Sam Nellys wiederholten Versuchen widerstanden, doch seinerseits auch therapeutische Hilfe zu suchen, statt rastlos zu arbeiten, hektisch eine Zigarette an der anderen anzuzünden und zu viel zu trinken. Darüber hinaus ließ er kein gutes Haar an dem Therapeuten, als sie anfangs unbefangen die eine oder andere Bemerkung aus ihren Gesprächen an ihn weiterreichte.

Der Therapeut tut gut daran, Nelly nicht beizupflichten, wenn sie versucht, ihn als Verbündeten gegen Sam zu gewinnen. Da sonst niemand für Sam spricht, Sam aber eine wichtige Figur in der Therapie ist, muss der Therapeut eher versuchen, die Entwertung Sams zu mäßigen und möglichst respektvoll und sachlich aufzunehmen, was von ihm erzählt wird.

Angesichts einer narzisstischen Konfliktsituation sollte der Therapeut nicht nur die Kränkungen Anwesender, sondern auch die Abwesender untersuchen und Verständnis-Strategien entwickeln, welche die Beteiligten entlasten. Es geht darum, in einem Paar Distanz von Rechthaberei zu entwickeln – und humorvoller Abstand von therapeutischen Rechthabereien ist da allemal eine Hilfe. Wenn Nelly wieder einmal beklagte, dass Sam jede Sensibilität mangle, genügte in den späteren Stadien der Therapie oft schon ein Austausch von Blicken, und sie setzte hinzu: »Aber ich weiß ja, vom Ochsen kann man nur Rindfleisch erwarten, das haben Sie einmal gesagt, es ist ja wahr ... und will ich mit einem Ochsen verheiratet sein ... er ist ja nicht immer so, ich verlange zu viel von ihm.«

So wird der Therapeut zum Anwalt der nicht anwesenden Bezugspersonen. Er bearbeitet ambivalente Beziehungen, er agiert nicht in ihnen. Das bedeutet beispielsweise, dass er nach Antworten auf die Frage sucht, weshalb Nelly gerade Sam geheiratet hat, was sie an ihm fasziniert hat und warum sie die Eigenschaften, die ihr einst so viel bedeuteten, jetzt an ihm nicht mehr auffinden kann.

So gesehen, setzt die Mobbing-Therapie eine geistige Umwertung voraus. Die Frage, weshalb das Gegenüber so lästig, so böse, so wenig befriedigend ist, soll der Frage weichen, warum das Gute nicht mehr auffindbar ist, das die Bindung bewirkte, wohin es verschwand. Der Dichter fasst diese Stimmung in Verse:

> *»Ich besaß es doch einmal,*
> *was so köstlich ist,*
> *dass man doch zu seiner Qual*
> *nimmer es vergisst!«*[15]

10. Rückzug als Mobbing-Strategie

Der erlebte Verlust entspricht dem Zustand der Sehnsucht nach dem Verlorenen. Er macht uns aber in den meisten Fällen den Verlust nicht begreiflich, denn es ist häufig so, dass die oder der Geliebte nicht verloren ging, wie wir eine Münze verlieren, wenn unsere Tasche ein Loch hat. Sie oder er wurden verloren gemacht, es war etwas Aktives darin, die nach dem Verlust ersehnten, paradiesischen Vorzüge waren damals nichts wert, wurden nicht weiter beachtet, für selbstverständlich genommen. Dieser Prozess ist uns so vertraut, dass wir ihm kaum Aufmerksamkeit schenken. Gleichzeitig ist er so gefährlich, dass er jede Aufmerksamkeit verdient.

11. Subtile Verluste

Zu den trivialen Modellen der erotischen Beziehung gehört es, zwischen Verliebtheit und Liebe zu unterscheiden. Die Verliebtheit gilt als instinktives Geschehen, durch das blitzschnell Bindungen aufgebaut, Partner »fürs Leben« gewählt werden: Liebe auf den ersten Blick. Konrad Lorenz hat behauptet, Verliebtheit bei Graugänsen nachweisen zu können und von einer »sicher instinktiven« Reaktion gesprochen.[16]

Verliebtheit ist schnell, total, rasend, blind, heftig. Liebe ist dauerhaft, groß, tief, macht sehend. So weit die im schlichten Liebesroman wie in der großen Literatur vermittelten Unterschiede. Die Psychoanalyse steuert bei, dass Verliebtheit mit Illusionsbildung und Sexualüberschätzung einhergeht. Zur Liebe kann sie nicht viel sagen; die »Übertragungsliebe« ist schließlich eher eine Verliebtheit, deren Abwehrqualität und illusionäre Überschätzung seitens des Analytikers nachgewiesen werden kann.

Vielleicht drückt aber die Wortwahl »Übertragungsliebe«, nicht »Übertragungsverliebtheit« einen feinen Unterschied und eine optimistische Haltung Freuds aus. Liebe ist in der psychoanalytischen Basisliteratur am prägnantesten in der Definition seelischer Gesundheit auffindbar: Wer »lieben und arbeiten« könne, sei demnach nicht neurotisch.

11. Subtile Verluste

Eine solche Nähe der Liebe zur Arbeit enthält auch eine Antithese zur potenziell destruktiven Komponente der Verliebtheit, die in Hass und Entwertung umschlagen kann. Liebe wäre demnach das Gefühl, welches durch den Prozess der Verarbeitung des Kippens der Verliebtheit/Idealisierung in Kränkung/Entwertung entsteht. Wenn wir Liebe als belastbar und stabil, Verliebtheit als labil, flüchtig und störbar erleben, hängt das damit zusammen, dass Liebe gerade aus dem Gefühl wächst, Störungen der Verliebtheit gemeinsam verarbeiten zu können. Liebe wäre dann die Sicherheit, einen Partner zu haben, mit dem die Enttäuschungen über den Zusammenbruch von narzisstischen Erwartungen und erotischen Illusionen überstanden werden können.

Wer verliebt ist, erlebt Gemeinsamkeit: Er steigt zu dem geliebten Menschen ins Boot bzw. holt ihn in das seine. Die Illusion liegt darin zu ignorieren, wer das gemeinsame Unternehmen prägt und wohin es führt. Wenn dieses Boot Schiffbruch erleidet, entscheidet es sich, ob ein Liebespaar, ein Streitpaar oder zwei getrennte Personen diese Situation verarbeiten.

Das Liebespaar wird aus den Trümmern ein neues Boot bauen und überzeugt sein, dass dieses besser ist als das erste und vielleicht auch noch weitere Menschen – etwa Kinder – trägt.

Gescheiterte, die – voneinander enttäuscht – nach der Katastrophe einzeln, jeder für sich, ein neues Boot zimmern und in unterschiedlichen Richtungen weiterfahren, haben eine brauchbare, wenn auch mühevolle Lösung gefunden, denn sie müssen weitersuchen oder alleine segeln.

11. Subtile Verluste

Die Mobbing-Szene entsteht aus der Unfähigkeit, alleine ein neues Boot zu bauen, und dem ungelösten Streit, wer das erste, gemeinsame Boot hat scheitern lassen. Dieser ist doch schuld, dieser muss alles wiedergutmachen, dieser hat sich nicht genug Mühe gegeben.

Ein solches Modell trägt nur ein Stück weit und enthält die Gefahr einer naiven Idealisierung, d. h. einer Schwarz-Weiß-Sicht. Wir müssen uns eher einen Zyklus von Brüchen und Neukonstruktionen vorstellen, aus dem das Liebespaar jedes Mal mit einer neuen gemeinsamen Illusion hervorgeht. Ein wirklich festes, unzerstörbares Schiff existiert in der Realität nicht. Aus diesem Grund wünschen wir es uns leidenschaftlich und finden in den Literaturen der Welt viele Geschichten von der extrem dauerhaften und stabilen Macht der Liebe. Realistischer aber ist die Geschichte über die Witwe von Ephesos.[17]

Unsere Vergleiche und Beispiele werden der Realität vor allem deshalb nicht gerecht, weil die Metapher das Unsichtbare durch etwas Sichtbares ersetzt. In der Analyse von Beziehungskrisen zeigt sich oft, dass die unterschiedliche Sichtbarkeit der Partner eine Quelle von tiefen Störungen werden kann. Wenn ein Boot, in dem zwei Personen sitzen, an einer Klippe zerschellt, ist beiden klar, was passiert ist. Aber in Beziehungen gibt es häufig Situationen, in denen ein Teil sozusagen innerlich gekündigt und sich aus der Auseinandersetzung davongestohlen hat, ohne dass der andere das bemerkt.

Das kann ein absichtlicher Rückzug sein; häufiger ist es eine unbewusste Entwicklung, deren Ergebnis eine Depression ist. Ein anderer Ausgang dieser unbewussten inneren Kün-

11. Subtile Verluste

digung einer Liebesbeziehung sind körperliche Krankheiten, die mit erschöpften Abwehrkräften zusammenhängen.

Um sinnvoll von solchen Zusammenhängen zu sprechen, ist viel Erlaubnis zum Nichtwissen nötig. Durch voreilige und selbstgewisse Zuschreibungen einer Psychogenese von Krebs oder Polyarthritis wird kein Verständnis gewonnen, sondern entweder eine Depression vertieft oder die gesamte Betrachtungsweise entwertet. Das Opfer sagt allenfalls gequält, »ich weiß schon, es ist alles psychosomatisch«, und zieht sich noch ein wenig weiter in seine Resignation zurück.

Und doch eröffnet diese Betrachtungsweise, mit Takt und Umsicht verbunden, neue Perspektiven. Intime Beziehungen sind deshalb so faszinierend, weil sie in unsere Biographie neue Elemente einbringen. Sie können uns stärken oder schwächen, und nur ein Bruchteil dessen, was geschieht, ist uns in dem Augenblick bewusst, in dem es sich ereignet. Jede Lebensgeschichte lässt sich unter dem Aspekt der Verarbeitung von Traumatisierungen erzählen. Sie können das Leben verdüstern, es im Extremfall vernichten, aber sie können auch Kräfte wecken und eine Kreativität erzwingen, die sonst nicht entstanden wäre. Bereits während der Schwangerschaft wird ein Kind durch den seelischen und körperlichen Zustand der Mutter beeinflusst; danach ist das Leben selbst, die persönliche Biographie, ein Dauer-Test der Fähigkeiten, Krisen zu bewältigen, Risiken einzugehen, Kränkungen zu meistern.

Wer einen Menschen kennenlernt, kann recht schnell einige Kenntnisse über dessen Fähigkeiten zur Kränkungsverarbeitung sammeln. Bereits die Kontaktaufnahme zeigt, ob eine Person durch unverarbeitete Kränkungen belastet ist.

11. Subtile Verluste

Wer passiv bleibt, ängstlich wirkt, möglichst wenig Emotionen zeigt, hat frühere Entwertungen nicht bewältigt und fürchtet jetzt neue.

Hat eine Person dann doch Vertrauen gewonnen und begonnen, über sich zu sprechen, lässt sich diese erste Orientierung vertiefen. Signale einer gestörten Kränkungsverarbeitung sind hier vor allem pharisäische oder kannibalische Entlastungen, d. h. Entwertungen von anderen Personen, um das eigene Selbstgefühl zu stabilisieren und einen Kontrast zu schaffen, vor dem sich eigene Vorzüge abheben.

Wer als Mann abschätzig und zotig über Frauen, als Frau voll moralischen Dünkels über Männer spricht, verrät unverarbeitete Kränkungen in der eigenen Geschlechtsrolle. Ähnlich signalisieren ein Arzt, der Pflegepersonal abwertet, eine Krankenschwester, die Ärzte für eitle Gefühlskrüppel hält, Schwächen ihres beruflichen Selbstgefühls und latente Mobbing-Dispositionen.

Wer schlecht von dem Chef spricht, unter dem er viele Jahre gearbeitet hat, wer einen früheren Liebhaber entwertet oder seine Partnerin beschimpft, zeigt eine absolute Notsituation des eigenen Selbstgefühls. Er versucht, sich von seiner eigenen Geschichte zu befreien, kann das aber nur um den Preis einer latenten Selbstentwertung, denn er hat die beklagten Situationen mitgestaltet.

Der eingeschüchterte, ängstliche Depressive fällt viel weniger als Person mit gestörter Kränkungsverarbeitung auf als der aggressive Hysteriker bzw. (im heutigen Sprachgebrauch) narzisstische Gestörte, der seine Grandiosität betont und keine Sekunde zögert, pharisäische oder kannibalische Mecha-

11. Subtile Verluste

nismen einzusetzen. Der Depressive kann besser Bestätigung aus seiner Umwelt gewinnen; er sagt nie etwas Kritisches, bewundert schrankenlos alle, die nicht so ängstlich sind wie er.

Typisierend gesagt: Die offenkundige narzisstische Störung, die »hysterisch« agiert und offen ein Übermaß an Anerkennung beansprucht bzw. durch Entwertung anderer eigene Vorzüge beleuchten will, enthält die Chance eines ständigen Trainings in der Kränkungsverarbeitung. Vielleicht ist das sogar ein unbewusster Sinn des kränkenden Agierens, der Mobbing-Täterschaft: durch die zu erwartenden Gegenkränkungen und Abweisungen die eigene Hornhaut zu stärken, sich jedes Mal zu beweisen, dass man wieder alle gegen sich aufgebracht und doch die Situation irgendwie überstanden hat.

Das mit dieser Strategie verknüpfte Risiko sind energieverzehrende Beziehungsverluste. Wenn ein begabter Organisator aus einem Verein, in dem er einmal eine leitende Position innehatte, nach einigen Jahren ausgeschlossen wird, weil er zu viele andere Mitglieder gegen sich aufzubringen wusste, kann er mit großem Einsatz einen neuen, »besseren« Verein gründen. Aber wenn ihm dort dasselbe geschieht, wird er vereinsamen.

Die depressive Kränkungsverarbeitung wirkt auf den ersten Blick viel weniger auffällig, oft sogar überoptimal. Die Betroffenen scheinen Belastungen problemlos zu verarbeiten, die anderen unerträglich scheinen – beispielsweise die Sorge für ein behindertes Kind, die Pflege schwieriger Angehöriger, die Stabilisierung eines alkoholkranken Partners, der manchmal ausrastet und seinem Schutzengel ein blaues Auge schlägt.

11. Subtile Verluste

Aber der Preis für diese scheinbare Souveränität kann hoch sein. Unbewusst hoffen manche dieser Menschen, dass irgendwann etwas geschieht, was sie dafür belohnt, dass sie so viel mehr ertragen und so viel weniger Schonung und Rücksicht fordern als andere. Eine Frau hat alle Launen ihres Partners ertragen, ihn immer bei den gemeinsamen Freunden entschuldigt, wenn er wieder einmal betrunken aus der Rolle fiel, hat seine alten Eltern, mit denen er sich nicht plagen wollte, mit hohem Zeitaufwand gepflegt. Plötzlich bricht die Frau mit einer Krebserkrankung zusammen. In der Nachsorge sucht sie auch psychologische Hilfe und erkennt, dass sie die ganze Zeit unbewusst hoffte, dass der idealisierte Partner, dem sie alles verziehen hat, ihr irgendwann diese Fürsorge danken und sich ihr in genau der Weise zuwenden wird, in der sie sich ihm zugewendet hat.

Hier deutet sich die Dynamik an, welche die subtileren Formen des Mobbings in der Liebe prägt. Partner suchen und finden sich, weil sie in ihrem Gegenüber jemanden ahnen, der eine ungenügende Kränkungsverarbeitung stabilisiert. Ihre Beziehung festigt sich, je besser das gelingt; gleichzeitig steigt aber mit jedem Gelingen die wechselseitige Abhängigkeit.

Der Verlust eines Partners, der jahrzehntelang das eigene Selbstgefühl gefestigt hat, ist schrecklich, er wird als völlig unzumutbar phantasiert und ist, wenn er eintritt, in der Tat kaum zu ertragen. Oft sterben alte und sehr miteinander verbundene Menschen kurz hintereinander. Das Leben ist zu schwer für einen allein. Die Witwe von Ephesus steht für eine manische Abwehr dieses herzzerreißenden Kummers.

11. Subtile Verluste

Das in langjährig gefestigter, gemeinsamer Kränkungsverarbeitung aneinander gebundene Paar sollte sich hüten, sich in pharisäischem Dünkel über den Hagestolz oder die alte Jungfer nebenan zu erheben. Solange sie einander haben, sind sie wahrscheinlich in der Tat weltoffener, flexibler, dynamischer als die Singles, die im Alter immer zwanghafter und ängstlicher zu werden scheinen. Sie helfen sich gegenseitig, mit den Kränkungen des Alters umzugehen, Gegenstrategien zu entwickeln, neuerungs- und beziehungsfähig zu bleiben. Aber dadurch steigt auch die gegenseitige Abhängigkeit, während Singles ständig üben müssen, alleine zurechtzukommen und sich selbst zu stabilisieren. Die Statistik, welche Menschen, die alleine leben, frühere Sterblichkeit voraussagt, spiegelt diese Anstrengung, kann aber die jäh einsetzende Belastung derer nicht fassen, die immer gehofft haben, sie würden früher sterben als der vertraute Partner.

Mobbing beginnt subtil, wenn diese gegenseitigen Stützen des Selbstgefühls dem Partner entzogen werden. Je wichtiger diese Stützen waren, die immer auch etwas über den früheren Zustand einer erhöhten Kränkbarkeit sagen, desto schwerer ist es, solche Entwicklung zu erkennen, geschweige denn zu korrigieren, solange das noch möglich ist.

Besonders fesselnd finde ich hier, wie familiäre und historische Einflüsse zusammenwirken. Ich habe als Gruppenleiter in Deutschland, Österreich und der Schweiz gearbeitet, längere Zeit in Italien gelebt und in 30 Jahren Praxis auch immer wieder Menschen aus anderen Ländern analysiert – aus Frankreich, England, Nordafrika, Griechenland und der Türkei. So habe ich einiges, wenngleich nicht genügend Materi-

11. Subtile Verluste

al, um mir über spezifische Belastungen der deutschen Kränkungsverarbeitungen Gedanken zu machen.

Wenn ich meine deutschen Klienten mit denen aus anderen Ländern vergleiche, finde ich sie deutlich mehr auf manische Überkompensationen angewiesen.

Auch hier ist es nicht leicht, taktvoll und angemessen Probleme aufzugreifen, die so unübersichtlich und gleichzeitig bereits in ihrer Beschreibung ängstigend sind, dass der Analytiker nicht umsichtig genug sein kann. Besonders fragwürdig finde ich den moralisierenden Hinweis, man dürfe seelische Traumen nicht bagatellisieren. Ich finde, dass jeder Traumatisierte das Recht hat, das zu tun und diesen Schild gegen jene Besserwisser und Neugierigen zu erheben, die auf ihn zutreten und fragen, wie er denn das KZ-Schicksal seines Vater verarbeitet habe oder den sexuellen Missbrauch seiner Kindheit. Zu antworten: »Was soll schon sein? Ich lebe, ich bin ein Mensch wie alle anderen!«, ist nicht nur ein Grundrecht, sondern es kann auch durchaus wahr sein. Kein Trauma als solches verrät etwas über eine Person. Für den Therapeuten ist ohnehin nur die zur aufklärenden Mitarbeit motivierte und an dieser interessierte Person eine glaubwürdige Quelle. Festzustellen, dass Überlebende von Folter nicht mehr heimisch werden in der Welt, wie es Jean Amery getan hat, ist eine Denkerlaubnis, aber es ist kein psychologisches Gesetz und keine Voraussage. Es soll den entlasten, der sich damit quält, weshalb er nicht so unbefangen ist, wie es Nicht-Traumatisierte erwarten, aber es soll nicht das Leben jener verdüstern, die ein Trauma vergessen konnten.

Ich will im Folgenden versuchen, an zwei Beispielen die

11. Subtile Verluste

historischen und persönlichen Bedingungen der Kränkungsverarbeitung in einer Ehe darzustellen. Beide Beispiele sind konstruiert, sie schildern keine realen Personen, sondern sind aus Einzelbeobachtungen zu einer Erzählung gefügt.

Florian und Karin

Florian ist das jüngere von drei Geschwistern, ein Nachkömmling; er wurde gezeugt, als sein Vater nach langer Gefangenschaft zurückkam. Seine beiden Brüder waren noch im Krieg geboren und hatten ein viel engeres Verhältnis zur Mutter als Florian, der schon als Kind zu ahnen schien, dass der Vater ihn sozusagen als Symbol für sein eigenes Überleben der Mutter aufgedrängt hatte, die nach dem Krieg so schnell wie möglich in ihren Beruf als Lehrerin zurückkehren wollte. Florians Vater war Ingenieur und hatte in einem kriegswichtigen Betrieb gearbeitet, wurde aber von den Russen gefangen genommen und zu Zwangsarbeit verurteilt. Als er 1950 zurückkam, war er in seiner Gesundheit angeschlagen, arbeitete aber rastlos und baute ein kleines Unternehmen auf. Florian genoss die Augenblicke sehr, in denen er mit ihm zusammen war, während er die Mutter als kühl und streng in Erinnerung hat.

Die Lebensgeschichte von Florians Mutter erklärt viel von der Härte ihrer Erziehung. Sie war ein Lehrerkind, wurde selbst Lehrerin, hatte – vielleicht auch als Gegengewicht zur nüchternen und disziplinierenden Erziehung zu Hause – große Hoffnungen in die nationalsozialistische Bewegung gesetzt, war begeisterte BDM-Führerin gewesen und angesichts der NS-Verbrechen tief verunsichert. Sie konzentrierte sich auf das materielle Überleben der Familie. Mehr mit Erstaunen als mit Dankbarkeit entdeckte Florian nach ihrem Tod, dass sie ein kleines Vermögen durch geschickte Investitionen und große Sparsamkeit angesammelt hatte, das jetzt ihre Kinder erbten.

Damals war Florian schon verheiratet und sehr eingespannt, denn er war ein leidenschaftlich anteilnehmender Vater von zwei kleinen Söhnen. Seine Frau Karin hatte aus dem zurückhaltenden und ganz in seiner Forschung aufgehenden Physiker einen aufgeschlossenen Mann gemacht, der an ihrer Seite Fernreisen, Theater und Oper entdeckte. Die beiden hatten sich auf einer langen Zugfahrt kennengelernt. Sie waren mit einem für ganz Europa gültigen Studententicket unterwegs und reisten vom Nordkap zurück, als im Zug die Heizung ausfiel und der besser ausgerüstete Florian Karin einen Platz in seinem Schlafsack anbot. Er hatte das wirklich rein praktisch verstanden, weil sie neben ihm bibberte; Karin aber nahm es als erotisches Angebot auf, sie scherzten später noch öfter darüber, und es war in gewisser Weise ein Zeichen für die Chance und für das Risiko ihrer Beziehung.

Karin litt als Kind vielleicht genauso unter der Präsenz ihres Vaters wie Florian unter dessen Abwesenheit. Ihre Mutter war eine zärtliche, aber selbstunsichere Person, die sich zitternd dem cholerischen Temperament ihres Partners unterwarf, der Luftwaffenoffizier gewesen war und nach der deutschen Niederlage seine eigenen Kränkungen an seiner Partnerin und später an den Kindern abreagierte. Alle lebten in

11. Subtile Verluste

ständiger Angst vor seinen Wutausbrüchen, und der Anblick dieser ängstlichen Mutter mit ihren Kindern, die deutlich aufatmeten, wenn er den Raum wieder verließ, verbitterte Karins Vater noch mehr.

»Ihr ergänzt euch großartig«, sagten viele Freunde auf der Hochzeitsfeier. Tatsächlich war der ernste, ruhige, genaue Florian, der durch seine Zuverlässigkeit und Aufmerksamkeit auf den zweiten Blick für sich einnahm, ein idealer Begleiter der manchmal schrillen, um Aufmerksamkeit werbenden Karin, die oft vergaß, was sie angefangen hatte, weil ihr zwischendurch etwas begegnet war, was ihr Geltungsbedürfnis noch mehr anspornte. Karin und Florian waren die ersten Jahre ein ideales Reiseteam, das unter abenteuerlichen Umständen seine Rucksäcke bis nach Tibet und über die Anden schleppte. Dann kamen die Kinder, und beide waren so damit beschäftigt, für die wachsende Familie zu sorgen, dass sie eine Weile kaum bemerkten, wie wenig Nähe sie noch miteinander hatten und wie selten sie sexuell zueinanderfanden.

Während Karins zweiter Schwangerschaft waren wie durch eine merkwürdige Fügung Florians Mutter und Karins Vater fast gleichzeitig gestorben. Florian erbte ein Drittel des Vermögens und hatte damit Geld, ein Haus für die Familie zu bauen. Karins jüngerer Bruder war Architekt, seine Frau erwartete ebenfalls ein zweites Kind, die Paare waren befreundet, warum also nicht ein Haus für zwei Familien planen, sich gegenseitig die Kinder abnehmen? Florian überlegte und zeichnete viel, das Haus sollte möglichst energiesparend angelegt werden, mit großem Gewächshaus und passiver Solarnutzung. Einige Monate später hatte er soeben ein passen-

Florian und Karin

des Grundstück gefunden und den Notartermin vereinbart, als Karins Bruder und dessen Ehefrau ihm in dürren Worten sagten, es täte ihnen leid, aber das ganze Unternehmen sei ihnen zu viel Verpflichtung, sie könnten sich nicht in der von ihm gewünschten Weise festlegen und würden jetzt eine Eigentumswohnung nur für sich suchen.

Florian fiel aus allen Wolken und konnte es einfach nicht fassen. Er verstummte, sowohl dem Schwager wie Karin gegenüber, die sich kurz über die Unzuverlässigkeit ihres Bruders ausließ und eine Woche später schon wieder zum Babysitting bei ihm war. Florian schrieb einen kurzen Brief, in dem er mitteilte, er wolle mit Personen, die ihn dermaßen verraten hätten, nie wieder Kontakt haben und wünsche, dass sie in seiner Anwesenheit sein Haus nicht betreten sollten. Er legte eine Kopie dieses Schreibens auf Karins Schreibtisch und blieb stumm, als sie fragte, ob das denn nicht ein wenig übertrieben sei, man müsse sich doch auch wieder vertragen können, schon wegen der Kinder. »Er ist dein Bruder, du musst wissen, was du tust«, war das Äußerste, was Florian sagen konnte. Für ihn war klar, dass Karin, wenn sie ihn liebte, genau so wie er mit diesem Verräter brechen musste.

Eine Weile setzte er jedes Mal, wenn von dem Bruder die Rede war, ein Judas zu dessen Namen, gab es aber auf, als er bemerkte, dass Karin seine Kränkung nicht nur nicht verstand, sondern ausgesprochen lästig fand und ihn lieber so gehabt hätte, wie sie selber war. So gingen sie höflich und distanziert miteinander um. Da jetzt das Haus auf dem Grundstück gebaut wurde und Florian nicht nur genau wusste, wie es sein sollte, sondern als begabter Bastler auch viel mit den

11. Subtile Verluste

Handwerkern arbeitete, war er sehr beschäftigt. Das lenkte ab von dem Unbehagen, dass er und Karin sich längst nicht mehr so nahe fühlten wie früher.

Schließlich war das Haus fertig, der jüngste Sohn war im Kindergarten, Karin fand eine halbe Stelle als Lehrerin für Kunsterziehung, Florian hatte sich endlich habilitiert und war verbeamtet. Karin fand, sie sei nach den Schwangerschaften etwas dick geworden; sie buchte ein Fitnessstudio und machte Diät, probierte wieder ein ausgeschnittenes Kleid, fragte Florian schließlich, ob sie ihm nicht mehr gefalle? Er rühre sie ja kaum noch an.

Florian suchte nach einer Ausrede, er wollte nicht sagen, dass es ihm jedes Mal einen Stich gab, wenn Karin von ihrem Bruder kam oder die Kinder mit dessen Kindern einen Ausflug machten. So sagte er, sie hätte doch gesagt, sie wolle kein weiteres Kind, und da sie die Pille nicht vertrüge, Kondome seien nicht zuverlässig und auch irgendwie lästig, ihm sei es recht so, sie seien ja auch älter geworden. Älter!, dachte Karin, wir sind noch nicht einmal 40, und da soll es schon vorbei sein?

Am nächsten Tag ging Karin zu ihrem Gynäkologen und vereinbarte den Termin für eine operative Sterilisation. Sie wollte keine Kinder mehr, und sie wollte auch die nächsten zehn Jahre keine Hormone schlucken, keine Spirale im Bauch tragen. Sie wollte Florian ein Geschenk machen. Er sollte sich ganz frei und sicher fühlen, so wie am Anfang.

Nach dem Eingriff lag sie zwei Tage zu Hause im Bett und behauptete, es sei eine Grippe. Dann lud sie Florian zu seinem Geburtstag zum Essen in ein französisches Lokal und

Florian und Karin

sagte ihm beim Kerzenlicht, was sie für ihn getan hätte – in ihren Phantasien war er dann genauso leidenschaftlich wie früher über sie hergefallen, und diese ganze Entfremdung und Kälte war wie weggeblasen. Aber Florian schien sich nicht zu freuen, er schien von ihrem Opfer mehr erschüttert und verwirrt als beglückt. »Hast du dir das auch gut überlegt? So etwas, das nicht wiedergutzumachen ist? Es ist doch eine Zerstörung im Körper. Und das tust du, ohne mit mir zu reden? Das geht doch uns beide an!«

Da wurde auch Karin stumm. Auf dem Nachhauseweg dachte sie, es sei doch wie verhext, sie könnten einfach nicht streiten. Sie erinnerte sich wehmütig, wie sie auf ihrer Asienreise gemeinsam einen betrügerischen Taxifahrer und einen Hotelier niedergekämpft und sich durchgesetzt hatten. Gegen einen gemeinsamen Feind waren sie stark. Aber gegen Florian konnte sie nicht kämpfen. Sie hätte ihn gebraucht, um sich gegen ihn zu wehren, aber er war ja nicht da, er wollte sie nicht verstehen. Was sollte sie nur machen?

Florian erging es ähnlich. Warum nur verstand Karin nicht, worum es ging? Warum wollte sie so tun, als ob nichts wäre? Es gab Situationen, in denen sich Karin etwas wehrhafter fühlte, wenn beispielsweise ihre beste Freundin sie besuchte und Florian wieder einmal unzugänglich an seinem Computer saß, dann redeten die beiden Frauen über ihn, als sei er ein problematisches, depressives, unzugängliches Ding. Dann verstummte Florian noch mehr. Auch Florian fehlte die Erotik mit Karin, aber er fand einfach den Weg nicht, sich ihr zu nähern. Er sehnte sich nach einem Elementarereignis, nach einer Auflösung dieser ganzen Enttäuschungen, aber sobald er

11. Subtile Verluste

sich ihr näherte, fiel ihm wieder ihre oberflächliche Art ein, ihre Schlamperei, dieses Kindische, wie sie ihr Rad weiterfuhr, wenn es klapperte oder der Luftdruck in den Reifen zu schwach war, und sich dann bei ihm beklagte, eine Reparatur erheischte, wenn es nicht mehr funktionierte. Wie sollte er die Kinder dazu bringen, ihre Räder nicht im Regen stehenzulassen, wenn Karin es genauso vergaß und sich dann über den Rost beklagte?

Florian bemerkte nicht, dass er seiner Mutter ähnlicher wurde; er erlebte nur, enttäuscht und traurig und wieder mit dem Gefühl, dass Karin ihm in den Rücken fiel, wie seine Kinder es lästig fanden, dass er sorgfältigen, sparsamen Umgang mit Essen, mit Werkzeug forderte. Wie die Mutter, die nicht mit ihm gesprochen hatte, bis er ihre Forderungen erfüllte, suchte auch Florian in seiner Not die Kinder und Karin durch Rückzug und Verweigerung zu erziehen. Er werde Karins Rad nicht mehr reparieren, er werde den Kindern keine neuen Räder kaufen, er verbitte sich die Benutzung seiner gepflegten Werkzeuge, wenn er diese dann später mit Scharten und Rostflecken auf dem Rasen vor dem Haus finde, müsse er sie eben wegschließen.

Florian erkrankte an einem schweren Rheuma, das ihn beinahe bewegungsunfähig machte und auch das Herz anzugreifen drohte. Jetzt begann er eine Psychotherapie. Es war immer wieder ergreifend zu beobachten, wie dieser begabte, tüchtige und integre Mann einfach nicht in der Lage war, über bestimmte Ereignisse »hinwegzukommen«. Er konnte gerade mit der analytischen Traumarbeit viel anfangen und hörte ernsthaft und bemüht zu, wenn ich versuchte, ihm Zusammenhänge zu erklären. Er war auch viel zu höflich und reflektiert, um direkt von mir zu fordern, ihm eine andere Karin zu verschaffen. Aber ebenso deutlich war, dass er unfähig war, Karin sozusagen über die vorgefallenen Kränkungen hinweg zu lieben, die Störungen zu überbrücken, sie mit Humor zu nehmen. Er sagte oft in einer Stunde, in der wenigstens ich eine komische Seite an den Kämpfen zwischen ihm, seinen heranwachsenden Söhnen und Karin herausarbeiten konnte: »Hier bei Ihnen sieht das alles anders aus, hier scheint es ganz leicht, es ist ja wahr, es geht mir nicht anders als den meisten Eltern meiner Generation, aber zu Hause ist das anders, da ist es ernst und schwer, und ich ertrage es kaum und denke jeden Tag daran, wenn doch das geplagte Herz einmal stillstehen würde!«

Ich scheute mich nicht zu betonen, er sei ein guter Vater und es sei wichtig, seine Positionen in der Familie zu vertreten, aber es sei eben auch das Schicksal von Vätern, dass sie unbequem sind und sich altmodisch nennen lassen müssen; dass Karin ein größeres Talent zur Regression habe und daher dichter bei den Kindern sei. Nach meinem Eindruck bemühe sie sich um Loyalität zu ihm, auch wenn sie da manchmal patze. Sie sei eine gute Mutter. Ob wir nicht etwas besser verstehen könnten, was es ihm so unmöglich mache, die Gefühle wiederzufinden, die ihn einst mit Karin verbunden hätten.

Florian hat schließlich eine andere Frau kennengelernt und sich von Karin getrennt. Es gelang beiden, die Trennung konstruktiv zu gestalten. Jeder Mediationstermin führte dazu, dass Florian tief deprimiert zu mir kam und nach der Stunde

11. Subtile Verluste

etwas sagte wie »Hier ist alles viel leichter« oder »Hier bei Ihnen sieht es so einfach aus« oder »Hier kann ich auch darüber lachen!« Die lange Behandlung Florians hat meinen Respekt vor den Grenzen einer therapeutischen Veränderung der Kränkungsverarbeitung vertieft.

Mir scheint, dass die Analyse hier viel verstehen kann. Veränderungen jedoch, welche den Patienten die von ihnen ersehnte Souveränität schenken, sind oft nicht möglich.

Der Patient hat viel gewonnen, sobald er einen kräftezehrenden Perfektionismus vermeidet und aufhört, von sich zu verlangen, Kränkungen besser zu bewältigen oder komplett zu vermeiden. Dass er sich angesichts des eigenen Beleidigtseins entwertet fühlt und dieses gar nicht wahrhaben will, ist ja ein wichtiger Teil des Problems. So geht es darum, sich selbst als eine Person anzunehmen und zu steuern, die Kränkungen schlechter verarbeiten kann als andere. Daher sind ja auch genetische Theorien trotz ihrer wissenschaftlichen Fragwürdigkeit in der psychiatrischen Praxis so beliebt. Niemand kann gegen seine Gene an, versichern diese voreiligen Modelle der depressiven Erkrankungen. Meine Gene unterscheiden mich von anderen, ich halte eben weniger aus als diese, ich muss damit leben, ich darf Opfer sein, ich muss es nicht ändern.

Die psychoanalytische Haltung ist anders, und sie ist für den, der die Ressourcen findet, sie einzunehmen, auch erheblich fruchtbarer als die Mischung aus genetischer Resignation und pharmazeutischer Krücke, welche der medizinisch-industrielle Komplex anbietet. Sie konfrontiert das erlebende Ich mit seinem Größenwahn, es hätte sich selbst unter Kontrolle. Florian konnte diese Konfrontation gut annehmen und zum Teil verarbeiten, zum Teil nicht.

Er fand unsere Arbeit sehr hilfreich und war nach der Behandlung zumindest in seiner schweren psychosomatischen Erkrankung deutlich gebessert. Nach wie vor konnte er weder Karin noch deren »Verräter«-Bruder ohne jähes Erschrecken und tiefe Verstörung auf der Straße begegnen. Er hielt nichts von meinen Hinweisen, dass sein Vermeidungsverhalten diese panischen Reaktionen fördere und er versuchen solle, die Beziehungen zu diesen von so viel Wut und Angst besetzten Personen zu normalisieren, einfach die korrekte soziale Rolle zu spielen, die man mit Verwandten spielt, die verwandt sind, ohne dass man besonders viel mit ihnen am Hut haben müsse.

Florian erlebte sich nur gegenüber seiner Mutter, Karin und deren Bruder in dieser irrationalen, unüberbrückbaren Form kränkbar. Das bestätigt unser Modell, dass die Selbstobjekt-Beziehung die Grundlage der Kränkungsverarbeitung ist und Florian während seiner Kindheit immer wieder seine Mutter gerade dann schmerzlich vermissen musste, wenn er sie besonders gebraucht hätte.

In der Tradition der NS-Erziehungsbücher von Johanna Haarer war es pädagogisches Prinzip der Mutter, Kränkungsverarbeitung nicht zu fördern, sondern Kränkungsunterdrückung zu erzwingen. Für Haarer ist die Abwehr der Nähe zum Kind ist nicht nur wegen der Überlastung der Mütter mit Haushalt und den von der NS-Politik geforderten vielen anderen Kindern legitim, sondern pädagogisch erforderlich. Geht man auf die kindlichen Bedürfnisse ein, begeht man ei-

11. Subtile Verluste

nen schweren Fehler, schädigt das Kind. Nie soll sich die Mutter ohne Anlass mit dem Säugling abgeben, das Kind wird von der Mutter getrennt untergebracht und nur zu Pflegezwecken »hervorgeholt«.

Lässt man das Kind gewähren, so wird es die Mutter beunruhigen und übermäßige Forderungen stellen. Die Mutter verschwendet Zeit und Kraft. Die von Haarer empfohlenen Maßnahmen sollen der Mutter ungestörte Ruhe vor dem Kind gewähren: acht Stunden Stillpause in der Nacht, frühe Sauberkeitserziehung, keine Getränke beim Abendessen.

Hinter der pädagogischen Rationalisierung der Strafen gewinnt man aus vielen Formulierungen den Eindruck, dass Haarer das Leiden des Kindes nicht ungern sieht.[18] Amüsiert erzählt Haarer folgende Anekdote: »Sie hatte getrotzt, war von mir zurechtgewiesen worden und wollte nicht aufhören zu weinen. Als ich sie schließlich fragte: ›Warum weinst du denn eigentlich noch?‹, stieß das schluchzende Persönchen die Antwort hervor: ›Weil ich keine Mutter mehr hab'!‹«[19]

Auch Florian sollte nicht weinen, er sollte die Zähne zusammenbeißen, er sollte üben und sich nichts anmerken lassen, wenn er das Wenige an Mutterliebe nicht auch noch verlieren wollte, das die überlastete und traumatisierte Mutter für ihn übrig hatte.

Karin und ihre Familie, vor allem ihr Bruder, standen für eine andere Erlebniswelt, die für Florian einen paradiesischen Reiz entfaltete. Hier wurden die Strenge und das cholerische Temperament des Vaters von einer ängstlichen und sehr fürsorglichen Mutter abgepuffert. In ähnlicher Weise konnte Karin, solange sie ausschließlich auf Florian bezogen war und dieser auch davon ausging, sie sei ebenso ganz für ihn da, wie er sich ganz an sie hingegeben fühlte, Florians narzisstische Wunde schützen. Die Beziehung erlaubte beiden einen großen Entwicklungsschritt, befreite sie von der Abhängigkeit von den Eltern und den tief verwurzelten Ängsten, verwundbar und schutzlos zu sein, und führte zu dem Aufbau einer Familie, zu Kindern.

Die Krise setzte ein, als Florian den magischen Kreis erweitern, Karins Bruder einbeziehen, eine größere heile Welt schaffen wollte – als tragische Pointe durch das von der Mutter ererbte Vermögen. Als Karins Bruder ihn kalt fallenließ, verwandelte er sich in die böse Mutter, und auch Karin wurde gefährlich. Die damit verknüpfte emotionale Katastrophe kann man sich gar nicht heftig genug vorstellen.

Die gemeinsame Kränkungsverarbeitung schafft zwei Erwachsene. Fällt dieser symbiotische Schutz fort, in der jeder des anderen Prothese ist, sind zwei verängstige, vereinzelte Menschen den Schrecken ihrer Kindheit ausgeliefert und müssen erst einmal wieder ihre autonome Abwehr aufbauen.

Florian konnte mit genau den Eigenschaften Karins nicht mehr umgehen, die ihn früher fasziniert hatten: ihre gefühlvolle, kindliche, spontane Art. Sie vermochte es, schnell das Gute wieder zu fassen, das in der Beziehung zu ihrem Bruder geblieben war. Florian, der es verloren hatte und einfach nicht wiederfand, war ihr ein Rätsel. Er war doch sonst so tüchtig, löste die kompliziertesten mathematischen Gleichungen und konnte ein neues Tretlager in ein Fahrrad einbauen. Da sollte es für ihn nicht zu schaffen sein, seinem Schwager dessen Unzuverlässigkeit zu verzeihen?

11. Subtile Verluste

Wenn Karin sich von jemandem gekränkt zurückziehen und so lange Zeit gar keine Brücke mehr bauen würde, dann läge ihr einfach nichts daran. Aber wenn Florian sie bäte, jemandem doch wieder mit der üblichen Höflichkeit zu begegnen, nur ihm zuliebe, dann würde sie das doch sofort tun. Aber Florian behauptete, er könne das nicht. »Er kann es wohl«, dachte Karin, »aber ich bin es ihm nicht wert, über seine Kränkung hinwegzugehen!« Für Florian aber wurde Karin, weil sie sich nicht von dem Verräter distanzierte und ihn, wie es für Florian selbstverständlich war, für immer aus ihrem Leben strich, allmählich selbst zur Verräterin.

Das Mobbing in der Liebe gleicht der Burnout-Thematik insofern, als auch hier zunächst sehr hohe Erwartungen an eine erfüllende Aufgabe versprechen, sich aus einem eingeschränkten, verletzten Zustand zu befreien. Doch kann sich dieser Erlösungsversuch durch Liebe nicht dauerhaft festigen, weil die Beteiligten zu sehr auf Idealisierung und Spaltung angewiesen sind: Sie brauchen eine heile Welt ohne Schatten, und daher wird der verleugnete Schatten schließlich übermächtig und erdrückt das Gute, welches ganz ohne ihn sein wollte. Es gibt zu wenig liebevollen Streit, zu wenig Ironie und Humor in diesen Beziehungen. In dem manischen Bestreben, es sozusagen grenzenlos gut zu machen und alle Wunden der Vergangenheit zu tilgen, setzt das Paar alles auf eine Karte und zementiert die Sicht auf den anderen.

Ein Perfektionist, der seine Kränkbarkeit abwehrt, kommt nur widerwillig in Therapie, wenn es gar nicht mehr anders geht, z. B. unter dem Eindruck einer schweren psychosomatischen Erkrankung. Er wird in der Therapie schnell danach streben, dem Therapeuten das Rezept für perfekte Kränkungsverarbeitung und stoische Souveränität abzugewinnen. So wird ihm nur ein Therapeut helfen, der seine Profession mit gehörigem Abstand von solchen Ansprüchen ausübt und sich selbst in Frage stellen kann.

David und Sarah

David kommt wegen seiner Eheprobleme. Seine Frau Sarah habe nach drei Ehejahren ausziehen wollen, er habe das akzeptiert und ihr eine zweite Wohnung besorgt, um des Friedens in der Familie willen, in Uni-Nähe, denn sie wolle auch einen deutschen Abschluss. David ist ein sportlicher, gut aussehender und exquisit gekleideter Mann in den Vierzigern, höflich und ein wenig herablassend. So fällt ihm gleich auf, dass das Furnier eines Biedermeierschränkchens im Behandlungszimmer fleckig ist; er kennt einen guten Restaurator. David arbeitet, außerordentlich erfolgreich, als Wirtschaftsanwalt. Nach seiner Herkunft befragt, zögert er erst und beschreibt dann, ohne Gesichtsausdruck oder Stimmlage zu verändern, eine traumatische Biographie.

Seine Eltern sind ungarische Juden, die beide in Arbeitslagern überlebt haben und nach 1945 in Deutschland geblieben sind. Fast alle ihre Angehörigen sind dem Holocaust zum Opfer gefallen. Die Beziehung zu seinen Eltern beschreibt er als »tot«. Er spricht distanziert und beinahe verächtlich von ihnen. Seine Mutter lebe noch ganz in Konvention und Tradition, der Vater kenne außer seinem Ladengeschäft, das er

11. Subtile Verluste

erfolgreich in rastloser Arbeit führe, nur die Synagoge, man könne mit ihm über nichts sprechen, er sei ein Mensch ohne Gefühle.

Ihn habe es gerettet, dass ihn die Mutter in eine englische Privatschule steckte und er nur in den Ferien dieser Familie ausgesetzt gewesen sei, die er heute einfach nicht mehr ernst nehme. David plant, seinen Lebensabend in Israel zu verbringen. Er ist wegen der besseren Verdienstmöglichkeiten hier geblieben, lehnt aber eine Einbürgerung konsequent ab und nimmt lieber umständliche Visa-Anträge in Kauf, weil er mit einem Pass als Staatenloser reist.

David macht grundsätzlich Urlaub in Tel Aviv und hat dort in der Hotelbar eine junge Kanadierin kennengelernt, eine liberale Jüdin, das Kind einer Akademiker-Familie. Ihre Eltern kämen ursprünglich aus dem Elsass und hätten durch die Deutschen viele Verwandte verloren. Sarah habe Pädagogik studiert und sei dann, um Abstand zu ihren Eltern zu gewinnen, nach Israel emigriert. Sie habe die Staatsangehörigkeit angenommen und sei Leutnant in der Armee sowie Lehrerin an einer Offiziersschule gewesen.

Ihre Eltern hätten ihr gesagt, sie sei verrückt, wenn sie nach Deutschland gehe, aber sie habe es ihm zuliebe getan. Davids Eltern hätten die Braut aus einer liberalen jüdischen Familie abgelehnt, er habe das aber ignoriert, wenn er sich auch manchmal diplomatischeres Verhalten von Sarah wünsche, schließlich sei seine Mutter eine alte Frau und werde nie in ihrem Leben noch etwas dazulernen. Sarah streite sich eben gern, er suche lieber den vernünftigen Kompromiss. Manchmal habe er auch den Verdacht, sie sei eben bequem und wolle sich nicht anstrengen, gehe den Weg des geringsten Widerstands und wolle nur das Leben genießen, das hier, wohlversorgt mit schöner Wohnung und einem Kindermädchen für den gemeinsamen Sohn, einfacher sei als in Israel.

Sarah ist zehn Jahre jünger als David, auf geschmackvolle Art flippig gekleidet, eine mediterrane Schönheit. Sie hat sich die Ehe ganz anders vorgestellt, es war ein großer Fehler, ihr Fehler, selbstverständlich! Aber konnte sie voraussehen, wie sich David in Deutschland verändern würde? Wie er, ohne es auch nur ein einziges Mal zuzugeben, unter der Fuchtel seiner jiddischen Mamme kusche und sich nichts dabei denke, ihr, ihr, die sich so viel Mühe gegeben habe, vorzuwerfen, sie sei nicht anpassungsfähig genug, nicht respektvoll, nicht realistisch?

David und Sarah verheddern sich in diesem ersten, gemeinsamen Vorgespräch schnell in Schuldzuschreibungen. Sarah ist emotionaler und eloquenter, David macht das durch seine Hartnäckigkeit und einen diskreten rechthaberischen Dünkel wett. Sarah hätte doch seine Mutter nicht ernst nehmen müssen, als sie sagte, dort, wo sie herkomme, würden die Eltern der Braut dem Verlobten eine kostbare goldene Uhr schenken, ob Sarah nicht einmal dafür sorgen könne, dass die Gabe eintreffe? Sarah spielt ihre eigene Mutter, die erkennen muss, dass ihre Tochter so verrückt geworden ist, goldene Uhren für einen Schwiegersohn zu fordern, von dem doch ihre Eltern gar nicht wissen wollen, dass es ihn gibt.

In den einzeln geführten Vorgesprächen zeigt sich die untergründige Dimension des Konflikts, der von David und Sarah nur indirekt, durch die wechselseitigen Entwertungen

11. Subtile Verluste

und Vorwürfe, ausgetragen werden kann. David ist sexuell nur wenig ansprechbar, Sarah hat anfangs eine Aufgabe darin gesehen, ihn in diesem Punkt zu heilen. Seit der Geburt des Sohnes hat David sie nicht mehr angerührt; sie hat aufgehört, um ihn zu werben. Mit der Bitte, David nichts davon zu sagen, sie wolle ihn nicht kränken, berichtet Sarah von einem Liebhaber, einem Kommilitonen, keinem Juden übrigens, es sei eine sehr erotische, sehr intensive Beziehung ohne Zukunft. Sie hat ihr Pädagogik-Studium wieder aufgenommen und promoviert gerade. Mit David wolle sie nicht mehr leben, sie würde an seiner Seite erfrieren. Anders als David, der sein Judentum verbirgt, nur engen Freunden davon erzählt und die Kippa abnimmt, wenn am Feiertag christlicher Besuch kommt, ist Sarah politisch engagiert und möchte ihren Abschluss an einer deutschen Universität später vielleicht nutzen, um eine jüdische Schule zu gründen.

Auch bei Sarah und David zeigt sich, wie die Traumatisierungen in den Familien der Eltern das Liebesleben der Kinder prägen. In der analytischen Arbeit wurde deutlicher, dass Sarah mit ihren beiden zentralen Phantasien über ihre Liebe zu David Teile der Traumatisierungen ihrer Eltern verarbeitet hatte, wie übrigens schon früher durch ihren Entschluss, nach Israel auszuwandern.

Sarahs Vater war pro-israelisch und unterstützte die zionistische Gründung nach Kräften; Sarahs Mutter stand Israel skeptisch gegenüber und wollte vor allem, dass ihre Tochter eine akademische Karriere in Amerika mache. Für die Mutter gab es nur hervorragende Menschen und Verächtliche; dass einer Jude war, sagte noch gar nichts. Am wichtigsten waren

Studium und akademische Karriere; wenn sie nicht geheiratet hätte, wäre sie noch weiter gekommen, das sollte Sarah bedenken.

Die Eltern hatten ihre einzige Tochter kontrolliert und vor allem Sarahs Erotik massiv bekämpft und entwertet (»Zieh das aus, du siehst aus wie eine Hure!«, wenn Sarah trug, was alle in ihrer Klasse trugen). Das Misstrauen und die chronischen Ängste der Eltern tarnten sich als Fürsorge. Es musste immer noch jeden Tag telefoniert werden, als Sarah längst als verheiratete, dreißigjährige Frau in Deutschland lebte. Sarah konnte inzwischen erkennen, dass ihr Leben in Israel ein Mittel gewesen war, sich von den Eltern zu lösen und den ödipalen Konflikt gewissermaßen durch die Identifizierung mit Israel zu bewältigen, nachdem die Identifizierung mit der Mutter nicht gelungen war. Der Vater musste sich doch freuen, wenn seine Tochter für das Land kämpfte, für das er immer nur redete und Geld spendete.

Sarah lernte perfekt Ivrit, wurde Offizier. Aber sie war nicht glücklich, stand ständig unter Spannungen und fühlte sich der Aufgabe nicht gewachsen, in Israel zu leben, zu kämpfen, eine Familie zu gründen.

Traumatisierungen führen dazu, dass die Betroffenen versuchen, erneute Verletzungen zu vermeiden, und dadurch Lebensumwege einschlagen, welche dem unwissenden oder die Einfühlung verweigernden Betrachter sinnlos und überflüssig erscheinen.

Wenn ein Vergewaltigungsopfer verzweifelt nach Gründen sucht, warum der Täter sich seiner bemächtigt hat, wenn es dann zu dem Ergebnis kommt, es sei selber schuld, habe ein

11. Subtile Verluste

ausgeschnittenes Kleid getragen und zu viel getrunken, dann rührt uns diese Selbstanklage merkwürdig an und wir würden sie dem Opfer am liebsten ausreden. Aber dem Opfer ist nicht mit naiven Versuchen gedient, ihm seine Vorstellungen auszureden.

Die Gedanken der Vergewaltigten erwähne ich, weil sie anschaulich und leicht erklärbar sind: Wer überwältigt wurde, den tröstet der Gedanke, ein wenig selbst beigetragen zu haben, um ein Stückchen Kontrolle über das eigene Leben zurückzugewinnen. Weit verworrener und weniger durchschaubar für uns sind die entsprechenden Gedanken von Kindern, die in extrem verletzten, eingeschüchterten, schuld- oder schambelasteten Familien heranwachsen. Wenig von diesen Gedanken passt in eine politisch korrekte Welt, in der Verantwortungen klar zugeordnet werden.

David hat sich vor der zerstörten inneren Welt seiner Eltern durch radikale Entwertung geschützt; in diesem Prozess sind seine weichen, zärtlichen, erotischen Seiten stark beeinträchtigt worden. In der Begegnung mit Sarah erlebt er eine für ihn völlig neue Möglichkeit, über Erlebtes zu sprechen, sich auszutauschen. Diese will er gerne festhalten und sich zu eigen machen.

Sarah hat sich von ihrer Mutter immer umklammert, eingeengt, als Frau entwertet und auf die Rolle der zum Fleiß verpflichteten, asexuellen Schülerin festgelegt gefühlt. Sie will Frau sein, Liebende, aber sie fürchtet sich auch davor, fürchtet, als Frau und Mutter so hassenswert zu sein wie ihre eigene Mutter.

Indem Sarah David dominiert, ihn erzieht, ihm aus seinen Einschränkungen hilft, kann sie die bisher nicht mögliche Abhängigkeit zulassen, ihn als Versorger annehmen, denn er ist großzügig, verlässlich, lebt unangefochten mitten im Feindesland. Sie bewundert ihn und folgt ihm nach Deutschland, wie eine der Frauen in jenen kitschigen Filmen, die dem Trapper in die feindliche Wildnis folgen und die Blockhütte mit ihren Schießscharten in ein gemütliches Zuhause verwandeln.

So ahnen wir auch etwas von den zerbrochenen Illusionen: Sarah hat geglaubt, dass sie die einzige Frau geworden ist, welcher David gehorcht. Jetzt muss sie erkennen, dass Davids Mutter Macht hat. Sarah kann die Macht einer Mutter nicht realistisch einschätzen, wie sollte sie auch. So kann sie auch David nicht glauben, er habe mit dieser Frau emotional nichts zu schaffen außer den üblichen familiären Verpflichtungen.

Wenn David enttäuscht oder gekränkt ist, lässt er es sich nicht anmerken. Er kehrt einfach zurück in den früheren Zustand der Normalität, des Funktionierens, er hat jetzt eben zwei Frauen, seine Mutter und Sarah, die beide Ansprüche stellen, unzurechnungsfähig sind, nach pflichtgemäßem Ermessen behandelt werden. Da war einmal etwas anderes, etwas wie Liebe? Aber was ist schon Liebe ...?

Amor vincit omnia! Der Vers von der Liebe, die alles besiegt, ist älter als die Psychologie. Gleichzeitig hat die Liebe viel von einem pointillistischen Bild: Aus der Ferne ein schöner Gesamteindruck, zerfällt sie, sobald wir ihr nahe kommen, in die unterschiedlichsten Elemente. Das ist unvermeidlich, daher können wir die Menschen gut verstehen, welche lieber nach dem nächsten Liebesroman, dem nächsten Me-

11. Subtile Verluste

lodram greifen, als sich aus der Nähe anzusehen, was denn da eigentlich vorliegt.

Es ist kein Zufall, dass sich die leidenschaftliche Liebe zusammen mit dem reflektierenden Bewusstsein entwickelt. Wir können schon als Kinder vieles denken und uns auch verlieben, aber im frühen Erwachsenenalter gewinnen beide Ereignisse eine neuartige Qualität. Die Liebe wird intensiver, verzehrender, exklusiver; gleichzeitig schärft das Ich seine Selbstkritik.

Es setzt sich mit eigenen und fremden Tugenden und Fehlern in jener Intensität auseinander, die Adoleszente gleichzeitig unerträglich dünkelhaft und verzweifelt gegen sich selbst eingenommen zeigt. Sie halten nichts von niemandem, einschließlich ihrer selbst. Entsprechend groß und drängend ist die Sehnsucht nach Erlösung, nach Verschmelzung mit einem Gegenüber, das auf magische Weise die eigene Unvollkommenheit auslöscht und eine mächtige Ganzheit erzeugt. »Von so langem her ist also die Liebe zueinander den Menschen angeboren, um die ursprüngliche Natur wiederherzustellen, und versucht aus zweien eines zu machen und die menschliche Natur zu heilen.«[20]

Zu den schönsten und gefährlichsten Zuständen im menschlichen Leben gehört die Verliebtheit, in der Menschen dieses Projekt verwirklichen wollen. Die Beteiligten verschlingen einander mit den Augen und fühlen sich, als hätten sie sich schon in früheren Leben gekannt: »Ach, du warst in abgelebten Zeiten – meine Schwester oder meine Frau«, dichtete Goethe. Der Panzer schmilzt, den wir gegen die Pfeile des Schicksals angelegt haben, die Hornhaut wird weich, die uns im Umgang mit Eltern, Geschwistern, Kolleginnen und Kollegen gewachsen ist. Wo zwei eines werden, ist Rivalität vergessen; in geheimnisvoll-durchsichtiger Blase, wie auf den Gemälden von Hieronymus Bosch, reift das Paar.

Da die Beteiligten glauben, einander ganz zu verstehen und buchstäblich zu verschmelzen, tun sie sich schwer mit jeder Wirklichkeit, welche den Zauberkreis verletzt, in den sie sich eingeschlossen haben. Zugleich aber ist die Triebkraft ihrer Verbindung kreativ, ja explosiv. Das verliebte Paar kann beschließen, gemeinsame Realitäten außerhalb des Kreises zu schaffen: eine Wohnung zu kaufen, ein Geschäft zu eröffnen, eine Familie zu gründen. Oder aber es fällt unter eine Schwangerschaft wie unter die Räuber – etwas Drittes wächst plötzlich in dem magischen Kreis, sprengt ihn, lenkt den gefesselten Blick vom Gegenüber ab auf dieses Neue, das Kind.

Wenn ich Paare in jenen posttraumatischen Zuständen antreffe, die nach dem Zusammenbruch einer Verliebtheit aufzutreten pflegen, suche ich immer wieder nach Metaphern und nach Erinnerungen, um ihnen zu verdeutlichen, warum jetzt etwas so schrecklich geworden ist, was sich früher einmal köstlich anfühlte.

Oft ist es traurig zu sehen, wie wenig sich diese Menschen überhaupt daran erinnern können, dass sie sich irgendwann sehr nahe waren. Besonders krass ist der Fall jener Lehrerin aus Kalabrien, die überzeugt war, die Mutter ihres Ehemanns hätte ihr damals einen magischen Trank, einen filtro gegeben – anders sei es schlicht unerklärlich, weshalb sie sich mit diesem Kretin verbunden habe, bei dem sie nur der gemeinsamen Kinder wegen bleibe.

11. Subtile Verluste

Ehe der Arzt Blut eines menschlichen Spenders in den bedrohten Kreislauf eines Kranken überträgt, macht er eine Probe, ob sich die beiden Flüssigkeiten vertragen. Es sind nur wenige Faktoren, welche hier einen allergischen Schock auslösen können, verglichen mit der reichen Vielfalt menschlicher Werte. Aber der Arzt weiß sehr genau, wie gefährlich es ist, solche Unterschiede zu missachten, während die Verliebten gänzlich unbekümmert davon ausgehen, dass sich ihre Wertvorstellungen nicht nur vertragen werden, nein: auch auf das Beste ergänzen und bereichern. Sie sind überzeugt, dass jeder von ihnen durch die Verbindung genau dort gestärkt werden wird, wo er sich bisher schwach und unvollkommen fühlte.

Ein verliebtes Paar täte gut daran, schnell einen neuen, diesmal gemeinsamen Panzer gegen die Pfeile der Außenwelt anzulegen und – wenn irgend möglich – sich auch gegen die inneren Sprengkräfte der Schwangerschaft zu schützen. Das klingt zynisch. Aber da für viele die Verliebtheit die einzige Erlösung ist, an die sie glauben können, ist auch die Enttäuschung an ihr ein Massenproblem. Und wenn ein Traum erst zerbrochen ist, wünschen sich doch viele, sie hätten ihn nicht überlastet. Es ist nicht möglich, geplatzte Illusionen zu flicken. Eine Firma, die Kinder, das Haus oder die gemeinsam erworbene Kunstsammlung (man denke an den unvergesslichen »Rosenkrieg«) hängen dann wie Bleigewichte an den desillusionierten Partnern und hindern sie, eine neue Blase zu schaffen und in ihr davonzusegeln.

Wer akzeptieren kann, dass seine Verliebtheitsillusion geplatzt ist, ist besser dran als die mobbenden Paare, welche sich weder von dieser Illusion verabschieden noch sie erhalten können. Jeder der Partner hält an seiner Phantasie vom anderen fest und erwartet vorwurfsvoll, in stillem Rückzug oder im bissigen Wortgefecht, dass dieser doch endlich wieder so ist, wie er doch versprochen hat zu sein.

Drastisch, aber auch anschaulich könnte man den magischen Kreis des verliebten Paares auch als Magen sehen, der die Aufgabe hat zu verdauen, was von einem der Beteiligten in den Kreis eingeführt wird. Er soll es aus etwas Fremdem in etwas Gemeinsames verwandeln. Wie ein überlasteter Magen in Kolik und Krampf dem Organismus ebenso viel Schmerz bereiten kann wie ein wohlig gefüllter Entspannung und Kraft, so wird das eingeführte Fremde ein Paar bereichern und nähren oder aber zu Verdauungsbeschwerden, ja heftigsten Schmerzen und Ausscheidungsreaktionen führen.

Verdauung bedeutet bekanntlich, dass Stoffe in ihre Bestandteile zerlegt werden. Oft ist es interessant zu beobachten, wie an solchen Verdauungsaufgaben deutlich wird, welche Komponenten des Partners sozusagen spaltbar sind. Jede Tugend wirft einen Schatten, und bereits der Volksmund hat in seinen Schwiegermutterwitzen scharfsinnig erfasst, dass die sprühende Energie der schönen Braut bei der Schwiegermutter wie brutale Machtgier erscheint, die sanfte Bescheidenheit aber als Trägheit und Indolenz.

Lassen sich solche Konflikte voraussagen? Man könnte vermuten, dass sie umso eher entstehen, je mehr Fremdes ein Paar zu verarbeiten hat. Aber es geht nicht um das Fremde an sich, sondern um die Illusionen, die Idealisierungen, welche ausgebaut werden, um ein Trauma zu kompensieren. Je

11. Subtile Verluste

unbekannter ein Gegenüber, desto mehr lässt sich die Unwissenheit mit Illusionen füllen.

Nicht die Menge des Fremden, sondern die eigene Unvollständigkeit und die illusionäre Hoffnung, der Partner möge diese kompensieren, führen – schließlich enttäuscht – zu den typischen Krisen im Mobbing gefangener Paare.

Ein Beispiel:
Klaus ist mit seiner Schwester Erika in einem bürgerlichen Haushalt herangewachsen. Sein Vater hat sich bis ins mittlere Management hochgearbeitet, versuchte vergeblich, noch weiter aufzusteigen, wurde wegen seiner Unfähigkeit, die Kränkung über einen ihm vorgesetzten, jüngeren Mitarbeiter zu verwinden, kaltgestellt und verbrachte seine letzten Berufsjahre als chronischer Nörgler, der in Alkoholexzessen seine Familie tyrannisierte. Seine Frau stritt sich oft mit ihm und entwertete ihn vor den Kindern, die sie als Bundesgenossen zu gewinnen suchte. Es gelang ihr, Klaus auf ihre Seite zu ziehen; Erika, vier Jahre älter als der Sohn, verteidigte den Vater.

Während Klaus noch studierte, heiratete Erika gegen den Widerspruch eines tobenden Vaters und einer still leidenden Mutter einen einfachen Handwerker. Es verging auch später kaum ein Familientreffen, ohne dass der Vater angetrunken dem Schwiegersohn vorhielt, er habe nicht einmal Abitur, höhnisch dessen Gebrauch von Fremdworten kritisierte oder ihm vorwarf, sein politischer Sachverstand sei auf dem Niveau der Bildzeitung stehengeblieben. Die Mutter verkniff dann den Mund, Erika tobte gegen den Vater, nannte ihn niveaulos und besoffen. Beim nächsten Treffen vertrug man sich wieder und begann höflich, aber die Entgleisungen waren nicht wirklich begraben; es genügte ein kleiner Anlass, und schon brach der Streit wieder aus.

Als Klaus nun seine neue Freundin Meike nach Hause brachte, waren alle begeistert und warben um die junge Frau, die aus einem Akademikerhaushalt kam und wie Klaus Medizin studierte. Meike fand die Eltern von Klaus etwas laut, aber herzlich und schluckte ihren leisen Protest gegen die Bevormundungen durch seine Mutter und die Übergriffe des Vaters, der sie tätschelte und anzügliche Bemerkungen über ihre Figur machte.

Klaus war von Meikes Eltern begeistert, die sich nie stritten und einander in einer Harmonie begegneten, die einem neutralen Betrachter vielleicht ein wenig zu ausgeprägt, zu betulich erschienen wäre, dem wenig verwöhnten Klaus aber zu versprechen schien, er werde sich mit Meike zu einem ebenso harmonischen Paar verbinden.

Nach drei Ehejahren und der Geburt einer Tochter, die jetzt ein Jahr alt ist, erlebt Klaus zu seiner großen Enttäuschung seine Ehe bedroht und sucht therapeutische Hilfe. Er denkt oft an Scheidung, er hält es einfach nicht mehr aus. Meike ergeht es ebenso. Klaus findet, dass seine Frau eine unverständliche Abneigung gegen seine Eltern entwickelt hat. Meike wirft ihm taktierendes Schwanken zwischen ihr und seiner Mama vor. Während Klaus nach wie vor, sich hier als Vorbild und Tugendbold in die Brust werfend, ihre Eltern toll findet, kann sie jetzt die Seinigen nicht mehr ab, will sie nicht in ihrem Haus haben

Meike hat ihn einmal dafür bewundert, dass er so durch-

11. Subtile Verluste

setzungfähig ist, sich nichts gefallen lässt, auf seiner Meinung beharrt. Jetzt ist ihr das ganze Klima in seiner Familie zu laut. Dort werde ständig gestritten – nein, korrigiert er, wir sind nur lebhafter, Rheinländer eben, du denkst nur, dass wir immer streiten! Seine Mutter mische sich überall ein, wisse alles besser, renne lieber mit dem weinenden Kind im Arm ins Nebenzimmer, um es fern der Mutter zu trösten, als das Einzige zu tun, was das Kind wolle, nämlich aus den drückenden Armen der Oma in die sanften der Mutter zurückzukehren.

Ob sie koche, putze, räume, wickle – nirgends sei sie vor der Besserwisserei seiner Mutter sicher. Diese Mutter würde nicht einmal fragen, ob es ihr recht sei, wenn sie zu Besuch kämen. Sie würde den Zeitpunkt erläutern und das Gästezimmer beanspruchen, als sei es ihr Recht. Und neulich sei sie nackt im Bad gestanden, der Vater sei hereingeplatzt, und statt mit einer Entschuldigung die Tür zu schließen, sei er stehen geblieben und habe sie angestarrt, von oben nach unten, bis sie sich das verbeten habe.

Du kennst doch meinen Vater, versucht Klaus dann zu sagen. Du musst ihm seine Grenzen zeigen, er meint es nicht böse, er ist eben so. Früher sei sie doch auch ganz anders mit ihm umgegangen. In der Tat fällt es Meike auch deshalb so immens schwer, die Grenze zu den Eltern von Klaus zu finden, weil sie schließlich anfangs zusammen mit Klaus versucht hat, mit ihrer verliebten Mischung aus Sanftheit und Energie vorbildhaft auf die zerstrittenen Eltern des Ehemannes zu wirken.

Jetzt müssten Meike und Klaus erkennen, dass das nicht gelungen ist. Stattdessen beginnen die beiden zu streiten, übrigens sehr zur Freude Erikas, die einmal Meike tückisch in den Rücken fällt, als diese ein wenig Solidarität im Kampf gegen den übergriffigen Vater möchte – was sie da habe, wie sie sich zimperlich anstelle, sie sei da wohl verklemmt.

Meike will nicht mehr dulden, dass die gemeinsame Tochter mit dem Vater zur Oma reist. Sie gönnt der bösen Alten den Triumph nicht und behauptet, der verderbliche Einfluss dieses Drachen gefährde das seelische Wohl des Kindes. Darin nun fühlt sich Klaus entwertet und gekränkt, schließlich wurde er von ebendieser Mutter erzogen und ist keineswegs überzeugt, ein schlechterer Mensch zu sein als Meike. Diese passt plötzlich nicht mehr zu dem Bild, das er sich gemacht hat und das zu dem der gegen den Vater keifenden Mutter kontrastierte. Wird wie durch einen Fluch jetzt Meike zum Drachen?

Man sollte meinen, dass Ähnlichkeiten die »Verdauung« des Fremden in der durch die Verliebtheit geschaffenen, symbiotischen Blase erleichtern. An diesem Beispiel wird deutlich, dass das vielleicht statistisch gilt, aber im Einzelfall ganz andere Dynamiken entstehen. Erika und ihr Mann, deren Ehe von den Eltern entwertet wird, schließen sich defensiv zusammen und bilden eine gemeinsame Front. Meike jedoch wird zuerst freudig begrüßt und erlaubt Klaus, in der Rivalität mit Erika zu triumphieren. Aber das ist teuer erkauft, denn Meike wird auch vereinnahmt und reagiert schließlich so ungerecht und allergisch auf die Eltern von Klaus, dass dessen frühe Bindung an die Mutter, die er in seiner Ehe lösen wollte, plötzlich über die neue Beziehung zu triumphieren droht.

Die Geheimnisse der Liebeswahl haben schon viele Auto-

11. Subtile Verluste

ren beschäftigt, Romanciers und Wissenschaftler, von denen vielleicht Leopold Szondi der Merkwürdigste ist: Er hat behauptet, dass sich Menschen aufgrund der in ihnen unterdrückten Triebanlagen wählen und sogar einen Test entwickelt, der aufgrund der spontanen Sympathie für verschiedene Triebtäter oder Geisteskranke solche Anlagen zu rekonstruieren versprach.

In der individualisierten Gesellschaft, wenn Ehen nicht mehr arrangiert werden, verbinden sich Illusionsbildung und Stolz. Das Schulkind lernt ja nicht nur, dass Leistung den Platz in der Welt sichert, Versagen jedoch ihn gefährdet. Es ist nicht nur Opfer von Zensuren, sondern es wird selbst zum Zensor und richtet seine Kritik vor allem auf emotionale und moralische Mängel der Eltern. Ich denke, dass hierin eine der vielen entscheidenden Situationen der Entwicklung wurzelt: Nur wenn das Kind in seinen moralischen Urteilen ernst genommen wird, kann sich sein moralisches Urteil differenzieren und realistischer werden. Häufig aber wird das moralisierende Kind entwertet, nach dem Motto: Solange du deine Beine unter meinen Esstisch streckst, hast du nichts zu sagen! In solchen Fällen kann das Kind die Stärken der Eltern nicht mehr wahrnehmen, es sieht nur noch ihre Mängel und fixiert sich an eine Phantasie, diese zu kompensieren.

Desto heftiger wird sich dann auch in der Partnerwahl die Suche nach einer Kompensation auswirken. Klaus hat Meike ausgesucht, weil er beobachtet hat, dass ihre Eltern liebevoll miteinander umgehen und er als Kind sehr unter dem chronischen Kampf zwischen seinen Eltern gelitten hatte.

12. Zwei Kulturen

Ich nähere mich jetzt dem Problem des interkulturell Fremden. Die wirtschaftliche Komponente in den Migrationen ist ebenso entscheidend wichtig wie in ihrem psychologischen Gehalt trivial. Die Konflikte ergeben sich aus dem Ineinandergreifen von wirtschaftlichen, juristischen und narzisstischen Themen.

Das von dem Mangel an Nestwärme bei seinen deutschen Eltern enttäuschte Mädchen verliebt sich nicht nur in den jungen Kurden selbst, der Asyl sucht und verspricht, sie auf Händen zu tragen, sondern vor allem in dessen Familienklima, in die selbstverständliche Wärme dort, die Zeit füreinander, die Anerkennung der einfachen Dinge des Lebens.

So ist sie zu einer Ehe bereit und erlebt sich bald wie eine Gefangene, eine Sklavin, die stets zum Sex bereit sein und ihr Geld bei der Schwiegermutter abliefern soll, während der Ehemann seine Tage im Kaffeehaus verbringt. In ihrer Kränkung sucht sie juristische Hilfe und erhält den Rat, die Ehe annullieren zu lassen, weil sie in betrügerischer Absicht geschlossen worden sei, um sich Asyl zu erschleichen. So wird der Ehemann abgeschoben, endet die Verliebtheit in Entwertung und Hass.

Mario ist ein Brasilianer, der seit seinem Studium in

12. Zwei Kulturen

Deutschland lebt. Er stammt aus einer Ehe zwischen einem Brasilianer und einer Deutschen. Seine Mutter hat sich während seiner Schulzeit mit heftigsten Entwertungen vom Vater getrennt und ihn beim Vater in Brasilien gelassen. Als dieser sich weigerte, dem Sohn ein Studium zu bezahlen, kam Mario zur Mutter nach Deutschland, fühlte sich aber von ihr nicht angenommen und zog sehr schnell in ein Studentenheim. Dort lernte er seine spätere Frau Ingrid kennen. Auch Mario verliebte sich nicht nur in eine Frau, sondern vor allem in deren Elternhaus.

Die Mutter seiner Verlobten schien ihren Mann, einen gut aussehenden Patriarchen, anzubeten. Ingrids Mutter hatte nicht einmal den Führerschein. Der Vater musste sie überallhin kutschieren. Sie musste ihn immer wieder darum bitten, bedankte sich dann und fand ihn einen liebevollen Mann und großartigen Autofahrer. Mario, der als Kind unter seiner dominanten, den schwachen Vater entwertenden Mutter gelitten hatte, fand das großartig. Er ahnte nicht, wie sehr ebendiese Szenen Ingrid abstießen, die schon mit siebzehn ihre ersten Fahrstunden genommen und einmal ihre Mutter angeschrien hatte, sie denke gar nicht daran, ihren Chauffeur zu spielen. Sie war durch die Bevorzugung des Bruders und die in ihren Augen demonstrative Schwäche der Mutter chronisch gekränkt.

So wollte Ingrid einen Mann, der sie brauchte, der sie nicht einengte, sondern ihr eine neue Welt öffnete. Die Ehe geriet in eine Krise, als Ingrid immer vorwurfsvoller wurde, weil Mario Tag und Nacht arbeitete, um möglichst bald ein Haus kaufen zu können, das ebenso schön war wie das seiner Schwiegereltern. Sie verweigerte sich sexuell, er fand trotz aller Plackerei die Zeit, die eine oder andere Geliebte zu erobern.

Mario konnte sich Ingrids Enttäuschung nicht erklären, so wenig wie sie seinen Rückzug verstand. Nur die beiden Kinder hielten das Paar noch zusammen.

Die Schwiegereltern, die Mario anfangs so bewundert hatte, waren für ihn gestorben, als der Schwiegervater einmal angesichts einer Unpünktlichkeit des Paares hinwarf, in Brasilien sei das vielleicht normal, in Deutschland aber nicht. Dabei war nicht Mario für das Zuspätkommen verantwortlich, sondern Ingrid. Als Reaktion auf das deutsche Stereotyp des Brasilianers hatte sich Mario angewöhnt, absolut pünktlich und genau zu sein; er zahlte jede Rechnung an dem Tag, an dem er sie erhielt.

Auch bei Mario und Ingrid ließen sich in den Entwertungen, die sie einander an den Kopf warfen, die Sehnsüchte erkennen, die einst ihre Liebe so verheißungsvoll gemacht hatten. Mario hätte dringend eine Frau gebraucht, die ihm in seinen latenten beruflichen Krisen beistand, die durch seine Ängste und seine Überkorrektheit entstanden. Ingrid war eine kluge, selbstbewusste Frau, die ihm wichtige Anstöße hätte geben können, aber Mario erklärte sie zu einem großen Dummchen, einem Schussel, einer fetten Schnecke, die ihn anrufe, wenn ihr das Benzin ausgehe, und sich beklage, das Auto sei kaputt.

Umgekehrt schalt Ingrid Mario, den sie gerade wegen seines guten Aussehens und seiner Herzlichkeit geliebt hatte, als Egoisten, der nur an sich und seine Geltung in der Arbeit denke und sich sonst für nichts interessiere, neben dem eine

12. Zwei Kulturen

Frau glatt verhungern könne, und er würde es ihr noch vorwerfen. Und als damals das Benzin ausgegangen sei, hätte sie sehr wohl das Problem erkannt und sich schließlich auch helfen können, aber sie sei eben aufgeregt gewesen, mit den Kindern auf der Strecke zu bleiben und habe ein wenig Trost gewollt.

Die Probleme im Kontakt mit einem anderen Menschen – und damit auch die Probleme im Kontakt mit einer fremden Kultur – entstehen einmal daraus, dass uns dieser Mensch fremd ist, wir seine Werte nicht kennen, umso weniger, je weniger wir über die Kultur wissen, aus der er kommt. Aber wie uns die Untersuchung der Verliebtheit gelehrt hat, entstehen vielleicht noch schwerer wiegende, mit heftigeren Aggressionen verknüpfte Probleme daraus, dass wir glauben, der Fremde sei uns gar nicht fremd, er sei vielmehr genau das, was wir uns wünschen, wonach wir uns sehnen, was wir aus einer uns vielleicht noch nicht bewussten Enttäuschung an den eigenen Eltern, der eigenen Kultur in das Fremde projizieren und dort wahrzunehmen meinen.

Das wird durch zwei Prozesse begünstigt, die schon immer Illusionen erzeugt und gefestigt haben. Einmal sehen wir in der Regel eher das, was wir erwarten und was wir uns wünschen. Das kennt jeder, der Pilze oder Mineralien sucht: Viele undeutliche Reize nehmen, proportional zu unserer Gier nach einem Fund, dessen Gestalt an und enttäuschen dann die Erwartung.

Wer also von den eigenen Eltern, der eigenen Heimat sehr enttäuscht wurde, wird mit doppelter Sehnsucht auf die Menschen seiner Wahlheimat jene Tugenden projizieren, die er in seiner ersten Heimat nicht gefunden hat. Wie schnell dieser Prozess kippt, zeigt jene Brasilianerin, die unbedingt zu einem deutschen Therapeuten will, obwohl sie sich noch sehr viel besser in Portugiesisch ausdrückt und es einige kassenzugelassene Psychologen aus Portugal oder Brasilien in der Stadt gibt. »Alle Brasilianer, die ich kenne, machen mich depressiv«, sagt sie. »Sie gehen immer in dieselben Kneipen, hören dieselbe Musik und jammern, dass in Deutschland alles viel schlechter ist als in Brasilien. Nur zurück wollen sie nicht.«

In dieser pauschalen Anklage projiziert die Klientin ihre eigene Enttäuschungsangst in »alle Brasilianer, die ich kenne«. Sich selbst erlebt sie noch gewillt, durch die Wahl des deutschen Therapeuten ihre Enttäuschung zu überwinden.

Roxane und Mathias

Eine wichtige Möglichkeit, narzisstische Traumen auszugleichen, ist das so genannte Helfersyndrom.[21] Wer sich als Kind, existenziell von den Erwachsenen um ihn abhängig, verunsichert, entwertet, bedroht gefühlt hat, fürchtet sich sehr davor, jemals wieder so abhängig zu werden wie damals. Wenn er aber alle Beziehungen versachlicht und auf sicheren Abstand achtet, kann er seine tiefen Sehnsüchte nach Nähe und nach einem Ausgleich dieser frühen Kränkungen nicht verwirklichen. So benötigt er Bedürftige, die Hilfe brauchen und daher vom Helfer abhängig sind.

Mathias ist ein Beispiel für solche Abwehr. Er ist mit 18

12. Zwei Kulturen

Jahren ausgezogen, weil er den ständigen Streit zwischen den Eltern und die Entwertungen durch seinen tyrannischen Vater schon lange nur mit der inneren Vision ertragen hatte, sich daraus zu befreien, sobald er volljährig sei. Er zog in eine andere Stadt, beantragte – weil der Vater ihn nicht unterstützen wollte – Sozialhilfe und setzte seine Ansprüche gerichtlich durch. Er absolvierte sein Studium der Sozialpädagogik in der Mindestzeit und war bereits Abteilungsleiter in einem Jugendamt, als er Roxane kennenlernte. Sie bediente bei einem Straßenfest; er sprach sie auf ihr ausländisches Aussehen an, erzählte von seiner Arbeit, sie kamen sich näher.

Roxane ist im Iran geboren. Sie kommt aus einer prowestlichen, aber zur Zeit des Schah regimekritischen Familie, die der kommunistischen Partei nahestand, obwohl zu ihr auch Grundbesitzer und reiche Händler gehörten. Roxane litt sehr unter einer depressiven Mutter, die immer wieder in eine Klinik musste. Sie identifizierte sich mit einer unverheirateten Tante, einer Schwester ihres Vaters, die in Paris studiert hatte und Funktionärin einer im Untergrund arbeitenden Partei war. Roxane schloss sich dieser Gruppe an.

1979 war Roxane gerade 18 geworden; Khomeini hatte die Macht übernommen, nach anfänglichem Jubel wurde klar, dass alle des Kommunismus Verdächtigen noch unbarmherziger verfolgt wurden als bisher. Roxane geriet unter Verdacht und musste von einer Woche zur nächsten emigrieren, allein. Sie konnte kein Wort Deutsch und sah in den nächsten Jahren niemanden aus der großen Familie, in der sie sich bisher geborgen gefühlt hatte.

In der ersten Woche ihres Aufenthalts verlor sie einen großen Teil der mitgebrachten Devisen an einen Betrüger, einen Landsmann, der versprach, es sicher anzulegen, und damit verschwand. Ein älterer, kinderloser Mann nahm sich der verzweifelten jungen Frau an. Er gab ihr ein Zuhause, sorgte für sie, um den Preis einer sexuellen Beziehung und einer einengenden Fürsorge, die Roxane als Sackgasse empfand, als sie Mathias kennenlernte.

Roxane schildert die Zeit nach ihrer Ankunft. Sie habe eine Art Notprogramm eingeschaltet, nur funktioniert, alle Emotionen waren verschwunden. Seither leide sie unter plötzlichen Hassanfällen, wolle alles kaputtmachen, wenn sie zu lange »nur funktioniere«.

Wie bei anderen Migrantinnen ist der Anteil des Traumas an den Störungen der emotionalen Steuerung und der Selbstbewertung schwer einzuschätzen. Jedenfalls erlebt Roxane Anpassung nicht mit innerer Anerkennung und einem Gewinn an Sicherheit, sondern als Entfremdung und Quelle von Wut über die eigene »dumme« Gefügigkeit. Die daraus entspringende Impulsivität erinnert an das Verhalten von Borderline-Persönlichkeiten, ist aber besser kompensiert und hat einen starken Partnerbezug. Solange sich Roxane von Mathias getragen und gut behandelt fühlt, überschätzt sie ihn; entfernt er sich aber, kann sie den Verlust nicht ertragen und entwertet alles, was sie vorher als Verbundenheit erlebt hat.

Das Urteil über diese verwirrenden Emotionen wird durch den kulturellen Gegensatz erschwert. Jeder Migrant kann aus einem persönlichen Problem ein kulturelles machen. »In Persien, wenn wir feiern, tanzen wir eine Woche«, sagt Roxane,

12. Zwei Kulturen

»wenn wir trauern, weinen wir einen Monat, hier ist alles so gleich und moderat, und ich denke, ich bin eine Maschine, wenn ich mich so kontrolliere, wie Mathias es will.«

Mathias förderte Roxanes Karriere ebenso energisch, wie er die seine vorangetrieben hatte. Roxane entdeckte ihre geistigen Ansprüche wieder. Sie holte das Abitur nach, wurde schwanger, begann ebenfalls ein Studium der Sozialpädagogik. Mathias übernahm die Leitung eines größeren Heims, Roxane arbeitete in einem Jugendzentrum für Migranten. Der gemeinsame Sohn war jetzt sieben Jahre alt, sie waren in eine große Wohnung gezogen, Roxane wünschte sich ein zweites Kind. Zuvor musste sie aber Mathias etwas beichten, was ihr auf der Seele lag. Insgeheim hoffte Roxane auf eine intensivere Beziehung durch ihr Geständnis. Es sollte sein wie in der Versöhnung nach einem Streit, nur intensiver. Mathias würde vielleicht verstehen, wie wenig sie es ertragen konnte, wenn er so abwesend, so ausschließlich mit seinen Angelegenheiten beschäftigt war.

Sie hatte vor vier Jahren, als Mathias die Heimleitung übernahm und Tag und Nacht damit beschäftigt war, mit einem Kollegen im Zentrum ein Verhältnis angefangen. Sie fing damals dort neu an, alles war fremd, Mathias hatte keine Zeit für sie. Wenn sie seine Nähe suchte, war er entweder zu beschäftigt oder zu müde. Die Affäre hatte zwei Jahre gedauert, dann hatte der Kollege das Zentrum verlassen. Sie trafen sich zwar noch manchmal, aber die Sache war vorbei.

Um mit solchen Geständnissen angemessen umzugehen, benötigt ein Paar viel Humor und Toleranz. Roxane jedenfalls erkannte ihren souveränen Helfer Mathias nicht wieder.

Immer war sie die Temperamentvolle gewesen, die schrie und kämpfte, sich dann aber auch schnell wieder versöhnte. Jetzt war Mathias wütend, zynisch, kalt, abweisend. Wenn sie versuchte, ihm etwas zu erklären, sich ihm verständlich zu machen, Anerkennung dafür zu beanspruchen, dass sie ja immerhin alles gesagt habe, dass sie einen neuen Anfang, ein zweites Kind wolle, verschloss sich Mathias wie eine Auster in der Brandung, verstummte oder schrie sie wütend an, er denke gar nicht daran, einer Hure ein zweites Kind zu machen, nur weil ihr das in den Kram passe.

In der Paartherapie beruhigte sich die Spannung relativ schnell. Mit ein wenig Unterstützung konnte Mathias wieder zu seinem ursprünglichen Stolz auf seine schöne Frau zurückfinden, die ihn schließlich bereits zweimal einem anderen Mann vorgezogen habe. Er rebellierte zwar gegen die Haltung des Analytikers, der zu erkennen gab, der Anspruch von Mathias sei überzogen, dass sexuelle Untreue im Leben eines Menschen mit Selbstachtung einfach nicht vorkommen dürfe. Aber es tat ihm sichtlich wohl, dass der Therapeut seinen Einsatz für Roxanes Entwicklung ebenso würdigte wie Roxanes Leistungen in der Bewältigung ihrer Traumatisierung.

Beide begannen, sich ohne wechselseitige Entwertungen über ihren unterschiedlichen Umgang mit Spannungen auszutauschen und dessen Hintergründe in ihrer Lebensgeschichte zu verstehen. Mathias ziehe sich zurück, das könne er gut. Er habe sich aus eigener Entscheidung von seinen Eltern abgelöst. Roxane erwarte unbewusst, dass Mathias ihr die Sicherheit, Geborgenheit und Präsenz der verlorenen persischen Großfamilie ersetze. Sie habe diese Geborgenheit nicht aus eigenem Entschluss aufgegeben, sondern sei grausam dazu gezwungen worden. Daher könne sie Einsamkeit nicht ertragen. (Zu den Konflikten des Paares gehörte es, dass Roxane Mathias wüst beschimpfte und manchmal sogar auf ihn einschlug, wenn er sich von ihr zurückzog.)

Angesichts der enormen Leistung, die sie beide bisher in der Bewältigung dieser kulturellen Unterschiede erbracht hätten, sei es vielleicht auch möglich, sich in einer weiteren Entwicklung zu unterstützen und diese nicht durch Vorwürfe zu blockieren.

Für interkulturelle Beziehungen sind wechselseitige, idealisierende Projektionen eine besonders gefährliche Vorstufe von Entwertungsgefühlen. Die Phantasie der »Liebe« ist universell, aber was dann im Alltag darunter verstanden wird, macht den Konflikt. Roxanes Erwartungen an Mathias waren unausgesprochen; es wäre unter ihrer Würde als Frau gewesen, ihm zu erklären, was sie sich wünschte, solange es sich noch um Wünsche handelte. Eine Frau war bescheiden. Sie meldete keine Bedürfnisse an; die Tradition aber gebot dem Mann, diese Wünsche zu kennen und sie zu erfüllen.

Ein deutscher Soziologieprofessor, der auf einem Urlaub in Griechenland dort eine Lehrerin kennen lernte und nach einem Jahr leidenschaftlicher Telefonate heiratete, ging davon aus, dass seine Frau ihm sagen würde, wenn sie etwas von ihm brauche. Sie aber war überzeugt, dass eine Frau ihren Mann niemals um Geld bitten dürfe. So sparte sie, wo sie nur konnte, wusch ihre Wäsche jeden zweiten Tag, weil sie keine neue kaufen konnte, vermied es mit Ausreden, einkaufen zu gehen und schickte stattdessen ihn, was er gutmütig tat. Aber sie konnte ihn doch nicht beauftragen, ihr Unterhosen zu kaufen! Sie fühlte sich wertlos und missachtet, wurde immer deprimierter und magerte ab.

Nach einigen Monaten fiel das einer gemeinsamen Bekannten, einer der Trauzeuginnen auf, und sie fragte nach, ob sie unglücklich sei. Sie schüttete ihr Herz aus. Die deutsche Freundin informierte endlich den Ehemann, der aus allen Wolken fiel: Da hatte er seine Frau für so emanzipiert gehalten, dass sie ihn an der Hausarbeit beteiligen und ihn die Einkäufe erledigen ließ, und nun das!

Interkulturelle Ehen werden umso problematischer, je mehr sie unterschiedliche Welten durch Illusionen schönen und Unerwünschtes abspalten. Ein hoch kränkbarer Deutscher, der – von seiner Ehefrau verlassen – die »anspruchsvollen« europäischen Frauen entwertet und Asiatinnen als dankbar und bescheiden idealisiert, wird gar nicht auf den Gedanken kommen, die Ansprüche asiatischer Frauen an einen Ehemann neugierig zu erforschen. Entsprechend heftig sind dann später die Entwertungsszenarien. Ähnliches gilt für die Träume europäischer Frauen an der Seite eines afrikanischen Mannes, der den Rückhalt in seinen Traditionen längst verloren hat, zur weißen Massai zu werden.

12. Zwei Kulturen

Phantasie und Realität

In den frühen Überlegungen, weshalb Menschen durch die Darstellung von Liebe und Tod auf einer Bühne derart ergriffen und bewegt werden, spielt die Katharsis eine wichtige Rolle. Die Zuschauer verschmelzen mit dem Geschehen. Sie werden durch die Identifizierung mit großen Gefühlen in ihrem wenig aufregenden Alltag erhoben und gereinigt.

Dass Menschen zu solchen Verschmelzungen fähig sind, ist vertraut und beunruhigend zugleich. Wie ist unser Wirklichkeitsbezug beschaffen, wenn etwas, von dem wir wissen, dass es nicht real ist, uns zu Tränen bewegt? Haben wir nicht genügend Anforderungen in der Realität zu bewältigen, dass wir es uns leisten können, der Phantasie derart viel Macht über uns einzuräumen?

In Wahrheit ist der Gegensatz von »Phantasie« und »Realität« ein Kunstprodukt, das durch Eigenheiten der neuropsychologischen Grundlagen unserer Orientierung erzeugt wird. Unsere Wahrnehmung der Wirklichkeit ist primär »Phantasie«. Sie muss, um uns nicht völlig irrezuführen, bei Bedarf korrigiert werden. Wo das nicht notwendig ist, verharren wir problemlos in unseren Illusionen, die schließlich viel bequemer sind als die Realität; manchmal gelingt aber die Korrektur nicht einmal dort, wo sie notwendig wäre und kein Mensch versteht, weshalb sie nicht erfolgt. Das gilt beispielsweise für manche Personen mit amputierten Gliedmaßen. Da diese das erlebende Ich nicht mehr mit nervösen Rückmeldungen versorgen, können Phantasien eine peinigende Macht gewinnen (»Phantomschmerzen«).

Phantasie und Realität

Wie die menschliche Wahrnehmung, Kreativität und viele andere wesentliche Merkmale ist auch unser Kontaktverhalten auf einem Dialog von kühnem Entwurf und kritischer Verfeinerung aufgebaut. Dieser scheint eine neurologische Grundlage in den unterschiedlichen Funktionen der beiden Gehirnhälften zu haben. Die kontaktstiftende Funktion ist das Sichverlieben, das auf einer Überschätzung (Idealisierung) des Partners beruht. Die kontakterhaltende Funktion ist dann der realistische Austausch mit einem Partner, den wir nach seinen vorwiegend sozial definierten Qualitäten Liebe, Freundschaft, Kollegialität, Kameradschaft nennen. Mobbing entsteht aus dem Kippen der Illusion in ihr Gegenteil. Der Schritt vom Erlöser zum Verderber ist kürzer und liegt manchen Menschen näher als die Konstruktion eines differenzierten Bildes, in dem die anfängliche Idealisierung nur korrigiert und nicht dem bisher idealisierten Partner als grausamer Bruch eines Versprechens angekreidet wird.

Wir haben bereits beschrieben, dass der Zyklus von Idealisierung und Entwertung jenen primitiven Strukturen des Selbstgefühls zugeordnet werden muss, die bei seelisch Verletzten erhalten bleiben. Wir können uns vorstellen, dass das Versprechen, einen Schaden auszugleichen, gern geglaubt wird. Daher wird das Selbstobjekt, welches verspricht, Kränkung und Unsicherheit in meinem Bezug zur Welt für immer ungeschehen zu machen, auch so hartnäckig festgehalten und mit solcher Wut bestraft, wenn es versagt. Diese narzisstische Aggression enthält etwas wie eine magische Verleugnung.

Immer wieder lesen wir von Menschen, die lieber ihre Partner töten und anschließend Selbstmord begehen, als eine Trennung zu akzeptieren. Aus den Analysen entsprechender Phantasien bei Kranken, die nicht so weit gehen, sondern angesichts ihrer misslungenen Trennungsbewältigung therapeutische Hilfe suchen, wissen wir, dass die Betroffenen nicht die »ganze« Geliebte töten wollen. Sie haben sie gespalten; die Frau, die sie verlassen will, ist nicht die wirkliche Geliebte, diese wirkliche Geliebte muss wieder aus der treulosen Fremden befreit werden. Dem Märchen ist dieser Kunstgriff durchaus vertraut. Wer einen Frosch an die Wand schleudert, erntet außerhalb der magischen Welt einen toten Frosch. Nur dort, wo das Wünschen hilft, tritt dann der ersehnte Prinz ans Licht, der böse Zauber ist besiegt.

Der Jurist würde von Mord sprechen und »niedere Beweggründe« anführen. Aber diese Morde sind pathetisch, sie spielen auf das Motto der Vereinigung mit der Geliebten in einer anderen Welt an, das vielen Religionen teuer ist. Märtyrer handeln in einer ähnlichen Verblendung, doch da sie nur ihr eigenes Blut opfern und dieses Opfer nicht anderen aufzwingen, werden sie in vielen Kulturen als sozial vorbildhaft hoch geschätzt.

In einem narzisstischen Mangelzustand entwickelt das Ich eine gesteigerte Wahrnehmung für Quellen von Aufmerksamkeit und Grandiosität. Es blickt sozusagen um sich, sucht nach Möglichkeiten zu idealisieren, sich zu verlieben, sich zu identifizieren, an fremder Grandiosität auf die eine oder andere Weise zu partizipieren. Wer als Kind genügend emotionalen Halt gefunden hat, kann diese Sehnsucht nach Grandiosität und Verschmelzung mit einem idealisierten Ziel aus der Ab-

Phantasie und Realität

hängigkeit von einem anderen Menschen herauslösen und sie an vielen Orten finden: in der Natur, in der Schönheit einer Landschaft, eines Kunstwerks, in der Musik.

Liebeskummer, in unserem Modell die Verunsicherung über die Festigkeit der Bindung zum Selbstobjekt, verzehrt manche Personen buchstäblich und lässt keinen anderen Gedanken mehr zu. In einer Anekdote erkrankt ein Prinz an einem unheilbaren Fieber; die Ärzte können ihm nicht helfen, bis der große Avicenna gerufen wird. Er erkennt einen Fall von Liebeskrankheit, indem er den Puls des Kranken fühlt und alle Damen des Hofes an seinem Lager vorbeigehen lässt. Jene, bei der sein Puls rast, ist die Erwählte; die Vermählung mit ihr heilt den Kranken.

Narzisstisch gefestigte Menschen können sich ablenken, können die Verlustängste zurückstellen, einen Punkt machen, sich anderen Tätigkeiten zuwenden. Typisch für Selbstobjektbeziehungen in der Moderne ist die krass steigende Telefonrechnung.[22] Wohl dem, der sich beispielsweise allein in einem Garten, in freier Landschaft, mit einem Buch oder in der zeitweiligen Verschmelzung mit den Helden eines Kinofilms erholen und seine Bestätigungswünsche auf unschädliche Weise erfüllen kann.

In den Fällen einer narzisstischen Störung gelingt solche Regeneration durch einen normalen, sozial akzeptierten Austausch nicht. Das Ich benötigt stärkere Reize. Ein wesentlicher Anlass dafür sind Aggressionen, welche durch ein Übermaß an Neid auf jene ausgelöst werden, die mehr Aufmerksamkeit genießen als das eigene Ich. »Mehr« ist dabei kaum quantifizierbar, etwa in dem Sinn, dass jeder beneidet wird, der mehr

12. Zwei Kulturen

Geld verdient, ein größeres Haus oder eine schönere Frau hat. Der heftigste und am wenigsten bezähmbare Neid ist jener, der kaum geheilt werden kann: Es ist der Neid auf den stabilen Austausch der anderen.

Der Verliebte, der ständig anrufen muss, um seine Gefühle zu bestätigen und die Gefühle der Partnerin zu kontrollieren, ist manchmal deshalb so sehr auf diese Kontrollanrufe angewiesen, weil etwas in ihm gegen seine Abhängigkeit rebelliert und sich unbewusste Aggressionen gegen die Partnerin richten, die er auf diese Weise beschwichtigen muss. Er neidet ihr, so paradox es klingt, die Intensität der eigenen Gefühle, die sich auf sie richten; er hätte gerne ebensolche Intensität in der Erwiderung und ist gekränkt, dass er Gründe hat, daran zu zweifeln.

Die Liebe ist ganz einfach, wenn klar ist, dass ein Wunsch nach Zärtlichkeit und Nähe gut ist und den Wünschenden attraktiv macht. Je ausgeprägter die narzisstische Störung, desto schwerer fällt dieser Wunsch. Er drückt schließlich einen Mangel in der Grandiosität aus. Was muss das für ein klägliches Ich sein, das etwas nicht hat, was andere schon besitzen! Muss nicht dem mit Misstrauen begegnet werden, der einen Körper begehrt, sich in diesem Begehren sättigen kann und sich dann anderen Interessen zuwendet? »Du liebst nur meinen Körper, nicht mich«, ist die charakteristische Aussage über diese Problematik.

Narzisstisch Gestörte wollen besser, erhabener lieben als die vulgäre Masse, von der sie sich unterscheiden müssen, über die sie sich zu stellen trachten, während sie im Grunde ärmer sind als jene, die sie verachten.

Der narzisstische Neid kann deshalb kaum geheilt werden, weil er die aggressive Energie im Überschuss produziert, die ihn erzeugt und aufrechterhält. Wer von solchem Neid erfüllt ist, wird fast verrückt vor Sehnsucht nach den Beziehungen oder den Dingen, die er gerade nicht hat. Er sucht jemanden, der ihn so spiegelbildlich liebt, dass er sich von dem befreien kann, was doch die Liebe ausmacht: die Sehnsucht, Fremdes in sich aufzunehmen, die Abhängigkeit von etwas Unkontrollierbarem.

13. Die Ehe zu dritt

»Eigentlich«, sagt der groß gewachsene, etwas korpulente Mann, dessen leise, disziplinierte Stimme schlecht zu seinem Körpervolumen und seiner eher bohemienartigen Kleidung passt, »eigentlich könnten wir unser Leben jetzt wirklich genießen. Ich bin in Rente, ich habe gut verdient, wir leben in einem schönen Haus, meine Frau Susanne hat Erfolg mit ihrem Chor, wenn nur diese sinnlosen Vorwürfe nicht wären.«

»Martin ist ein Heuchler«, sagt Susanne, eine schöne, schlanke Frau mit ein wenig zu weit aufgerissenen Augen und ein wenig zu schriller Stimme. »Er kann sich so gut verstellen und den Eindruck machen, er sei ganz harmlos. Aber er ist schwer gestört. Ich habe Angst um ihn und Angst vor ihm. Er ist oft depressiv und achtet nicht auf seine Gesundheit, er isst zu viel und hat hohen Blutdruck. Er muss alles seiner Mutter sagen, jeden Tag ruft er sie an, und er erzählt ihr ALLES, was wir zu Mittag gegessen haben, was wir tun. Neulich haben wir miteinander geschlafen und gleich nachher steht er auf und ruft seine Mutter an.«

»Was soll ich nur machen? Ich muss mich um die alte Frau kümmern, und meine Frau duldet nicht mehr, dass sie uns besucht. Ich weiß auch nicht, was ich ihr sagen soll, was soll man einer alten, einfachen Frau sagen, und so sage ich halt,

13. Die Ehe zu dritt

was wir zu Mittag essen und wann wir einkaufen fahren. Susanne kann man es nicht recht machen. Als neulich meine Mutter im Krankenhaus war, war sie es, die gesagt hat, du musst sie jetzt besuchen, und bring ihr einen Bademantel mit. Sie hat mir dann ihren eigenen Bademantel mitgegeben. Dabei hasst sie doch meine Mutter. Seit zwölf Jahren kommt sie ihr nicht mehr ins Haus. Meine Mutter ist ganz geduldig, sie akzeptiert das, sie sagt: Wenn sie es nicht will, dann musst du das respektieren. Sie hat auch nichts dagegen, dass unsere Kinder die Oma besuchen. Nur ich, sagt sie, müsste etwas gegen meine Mutterfixierung tun. Das hat ihre Therapeutin auch gesagt!«

»Sehen Sie – er lässt mich auflaufen. Er tut so, als könnte er kein Wässerchen trüben. Aber das ist doch keine Ehe, wenn der Mann jeden Tag seine Mutter anruft und ihr alles erzählt. Ich spreche meine Mutter einmal im Monat. Das reicht doch völlig. Ich bin abgelöst. Aber auf seiner Seite ist es wie ein Loch, und aus dem geht die Liebe verloren.«

»Es war wieder schrecklich. Am Samstagmorgen, da schmusen wir immer, haben Zeit, es ist schön. Aber nein, plötzlich fängt sie wieder an, will, dass ich meiner Mutter den Besuch absage, den ich ihr schon versprochen habe, weil sie am nächsten Tag Geburtstag hat. Sie hat dann eine schneidende Stimme, und mir vergeht alles, auch gut, sage ich und will ins Bad, damit ich es nicht mehr hören muss. Aber sie läuft mir nach und redet immer lauter, und ich will nur meine Ruhe und stoße sie ein wenig, und sie verliert das Gleichgewicht und fällt mitsamt dem Kleiderständer auf den Boden. Jetzt hat sie ein blaues Auge und der Arm tut ihr weh, und sie sagt, ich hät-

13. Die Ehe zu dritt

te sie so zugerichtet, ich hätte sie geschlagen. Ich wollte sie zum Arzt bringen, aber nein, was würde der denken, was bei uns zu Hause los ist. Und jetzt ist Funkstille. Wenn ich wütend bin, möchte ich weg und sie nie wieder sehen, aber ich überlege es mir dann, das Haus und die Kinder, was soll das. Ich bin dann am nächsten Tag wieder gut. Aber wenn ich auch zu Kreuze krieche, sie will nichts mehr von mir wissen, wochenlang. Irgendwann kann sie dann wieder so tun, als ob nichts wäre. Dabei merke ich, dass sie genauso leidet wie ich, eigentlich fast mehr, weil sie mir nicht verzeihen kann und es doch gerne tun würde.«

»Er ist ja sonst immer so beherrscht, er kann sich unglaublich zusammennehmen, wenn Leute da sind, denen er Eindruck machen will. Dann ist er der liebenswürdigste Mensch von der Welt, plaudert und scharmiert, ich kenne ihn nicht wieder, denn wenn wir allein sind, ist er ganz oft völlig zurückgezogen, muffig und depressiv, lässt sich bedienen und ist für alles zu müde. Aber wenn es gegen seine geliebte Mutter geht – oder sollte ich sagen: gegen diese mütterliche Geliebte? –, dann wird er jähzornig, da darf ich nichts sagen, da kann er sich nicht beherrschen. Ich hab um mein Leben gefürchtet, diese wilden Augen, und er ist ja stark, wenn er mal zuschlägt, da rührt sich nichts mehr, ich bin froh, dass nicht mehr passiert ist. Aber was soll ich nur tun – wenn ich mich dieser Ehe zu dritt unterwerfe, dann wird das mit uns doch nie die richtige Beziehung. Ich hab mich so gefreut auf die Zeit, wenn die Kinder aus dem Haus sind und er in Rente geht und wir uns endlich einander zuwenden können. Und er sagt dann, ich würde seiner Mutter den Tod wünschen! Den Tod!

13. Die Ehe zu dritt

Ich wünsche niemandem den Tod, soll sie hundert werden, bald neunzig ist sie schon, warum kann sie ihn nicht endlich loslassen und er sie!«

Martin hat seinen Vater im letzten Kriegsjahr verloren. So war er mit der Mutter allein, die sich zurückzog und von ihren Erinnerungen und ihrer kleinen Rente zehrte. Sie heiratete nicht mehr. Martin ging auf ein Internat, und da er sich überall sehr darum bemühte, anerkannt zu werden und alle Ansprüche zufriedenzustellen, wurde er ein guter Schüler, studierte mit guten Noten und fand eine Anstellung in einem großen Betrieb. Nur einmal hatte er beruflich einen Misserfolg zu verkraften: Das war, als er sich selbständig machen wollte und bemerkte, dass er auf einmal voller Ängste war – Aufträge zu finden, sie alleine abzuwickeln, Rechnungen auszustellen. Er war heilfroh, dass er zu seinem früheren Arbeitgeber zurückkehren konnte. Er stieg dort zu einem beliebten Abteilungsleiter auf, wurde oft als Dozent für Fortbildungen eingeladen und blieb, bis er in Rente ging.

Susanne war Martins erste Liebe. Er kannte sie seit der Grundschule und verehrte sie scheu, weil sie so schön und kühl war, die Tochter eines Gymnasiallehrers, der Bücher für sein Fach schrieb und von allen Kindern höchste Leistungen erwartete. Sein Respekt stieg noch, als er hörte, sie habe die Schule abgebrochen und das Elternhaus verlassen, um Krankenschwester zu werden. Er ging mit ihr aus, las ihr jeden Wunsch von den Augen ab, leise, scheu, bemüht. Einmal erkannte ihn Susanne fast nicht wieder. Sie kam mit einer anderen Schwesternschülerin in ein Café und setzte sich hinter einen mit Grünlilien bepflanzten Raumteiler. Plötzlich hörte

13. Die Ehe zu dritt

sie lautes Gelächter, eine Gruppe von Studenten, die zusammen einen Auftritt vorbereiteten, es ging um den runden Geburtstag eines beliebten Professors. Martin hatte sie nicht gesehen, er war mitten unter ihnen, schien derbe Scherze zu machen, war ganz anders als zusammen mit ihr, eben so ähnlich, wie die anderen in der Gruppe waren. Susanne erschrak, als hätte sie etwas Verbotenes getan, und redete nie darüber, aber es war ihr unheimlich, und sie war eine Weile still und zurückhaltend, leugnete aber, dass sich etwas verändert habe, als Martin sie anredete. Mit ihr war er immer gleich, aufmerksam, liebevoll, er überließ die erotische Initiative ihr, nachdem sie sich einmal einen allzu kühnen Griff an ihre Brüste verbeten hatte.

Anfangs war Susanne noch sehr von seiner Mutter begeistert, dieser einfachen Frau mit dem Herzen auf dem rechten Fleck. Bei ihr zu Hause zähle nur die Leistung. Die Brüder würden ohnehin vorgezogen und der Mensch beginne mit dem humanistischen Abitur, da spiele sie nicht mit, sie hasse Latein und alles, was umständlich war und veraltet. Sie wolle später in die Intensivpflege oder in die Anästhesie oder aber sich als Stewardess bewerben, etwas tun, das modern sei.

Sie verlobten sich. Jetzt durfte Martin auch zum ersten Mal mit Susanne schlafen, sie schien nicht besonders angetan davon, aber sie wurde sofort schwanger, die Heirat wurde schleunigst vorbereitet, eine kleine Feier, nur die Familie. Er studierte noch, und so lebten sie von ihrem kleinen Gehalt, während Martins Mutter auf die Tochter aufpasste.

Die Tochter mochte die Oma gern. Susanne hatte es geschafft: Sie war Stewardess. Martin machte seinen Abschluss,

13. Die Ehe zu dritt

aber er verdiente noch nicht genug, fand Susanne. Die Oma wurde noch gebraucht. An Ostern wurden immer alle Großeltern eingeladen, um der Kleinen beim Eiersuchen zuzusehen, sie machte das so niedlich. Susannes Mutter schüttelte den Kopf über den Eifer von Martins Mutter. »Als Besuch sind Enkel ja nett«, sagte sie. »Aber Tag und Nacht? Ich finde, man hat sich Ruhe verdient, wenn man die eigenen Kinder großgezogen hat. Diese alberne Fliegerei! Susanne sollte zu Hause bleiben, oder verdient Martin immer noch nicht genug?«

»Das weiß ich nicht«, sagte die Oma erschrocken. »Aber ich mache das gern. Was hab ich sonst zu tun? Und ich bin ja noch gesund. Und bei der Gartenarbeit stört die Kleine nicht, im Gegenteil, sie hilft mit.«

»Nun ja, wenn man sonst keine Interessen hat«, sagte Susannes Mutter. »Ich könnte das nicht, ich habe zu viel zu tun, Gäste, Einladungen, mein Mann braucht mich für sein Büro. Und ein Kind gehört nun einmal zur Mutter!«

»Mein Gott, bin ich froh, dass wir die Oma haben«, sagte Susanne auf dem Heimweg. »Sie ist wenigstens keine eingebildete Tussi, die jeden Augenblick vor sich herträgt, dass sie einen Akademiker geheiratet hat. Natürlich könnte sie mehr mit der Kleinen spielen, sie nicht immer einfach in den Garten schicken oder zu den Nachbarskindern. Und ob ich sie jemals dazu bringe, jeden Tag eine frische Unterhose herauszulegen?«

»Das hat sie für mich auch nicht gemacht«, sagte Martin. »Einmal pro Woche reicht!«

»Nicht mal bei Buben«, sagte Susanne.

»Willst du nicht noch ein Kind? Es wäre doch schön. Wir

185

13. Die Ehe zu dritt

könnten es uns leisten. Wir könnten eine billige Wohnung auf dem Land finden, vielleicht einen alten Hof umbauen!«

»Ich bin noch nicht so weit. Ich kann mir nicht vorstellen, ohne das Fliegen zu leben. Und du bist doch auch froh, wenn du überall Urlaub machen kannst, wo du möchtest.«

Inzwischen war Susanne Chefstewardess. Sie verdiente so viel wie Martin. Weil er keinen Kopf für Zahlen hatte, verwaltete sie das gemeinsame Konto und gab ihm ein Taschengeld. Er sagte kokett, wenn die Rede auf eine neue Anschaffung oder eine Fernreise kam: »Da müssen wir die Finanzministerin fragen!« Aber irgendwann ärgerte sich Susanne über einen jungen Möchtegern und Besserwisser in der Lufthansa. Er hatte den alten Einsatzleiter abgelöst, dessen Ziehkind sie gewesen war. Sie beschloss, schwanger zu werden und im Mutterschutz zu Hause zu bleiben und ihn dadurch zu ärgern, dass sie sich alle Möglichkeiten offenhielt, ob sie zurückkommen werde oder nicht.

Susanne hatte es sich einfacher vorgestellt. Sie hatte gedacht, die kleine Martina wäre überglücklich, wenn sie endlich die Mama ganz für sich hätte. Aber die Tochter war unglücklich, wollte nicht essen, was sie kochte – und sie kochte gut, alle ihre Freundinnen waren begeistert! –, und klagte am Montag darüber, sie wolle jetzt wieder zur Oma, da sei es viel lustiger, da habe sie ihre Katze und den Garten, und hier habe sie gar nichts. Wenn sie das Gesicht der Mutter sah, sagte Martina manchmal hastig, nein nein, natürlich habe ich hier dich, aber die Wulli fehlt mir und der Papa ist so viel weg. Immer wieder gab es Streit, und irgendwann schrie Martina, sie habe die Oma viel lieber als die Mutter und wolle bei ihr le-

13. Die Ehe zu dritt

ben und nicht hier und sie habe sich keinen kleinen Bruder gewünscht, warum solle sie sich da freuen?

Susanne hielt mühsam ihre Tränen zurück. Sie hoffte, dass Martin sie trösten würde, ein Machtwort sprechen, die Kleine verehrte den Papa. Aber als sie davon erzählte, lachte Martin und sagte nur: »Das nimmst du doch nicht ernst?« Da dachte Susanne, dass ihre Mutter recht hatte und die Oma ihr das Kind weggenommen hatte und Martin mit der Oma unter einer Decke steckte. »Mir ist das unheimlich, wie er alles für die Mutter tut und sie alles für ihn«, hatte Susannes Mutter einmal gesagt. »Natürlich, sie ist Witwe und hat den Mann früh verloren, komisch, dass sie nie wieder geheiratet hat.«

So begann ein zäher Krieg. Lange Zeit wusste Susanne gar nicht, wie sehr sie Martins Mutter hasste. Schritt für Schritt, wie eine Skizze, ein Strich neben dem anderen, entstand das Bild eines Vampirs, der Martin in hypnotischem Bann hielt, Martina an sich gebunden hatte und in tückischer Freundlichkeit, in berechnendem Ungeschick und schlauem Sichdummstellen immer alles so hindrehte, wie es seinem Hunger nach Liebe und Anerkennung entsprach. Martin aber, statt das zu erkennen, nährte diesen Vampir und erklärte ihn für harmlos und spottete über ihre Ängste und Warnungen.

Susanne war überzeugt, dass die Riesenkrise, in die ihre Ehe geriet, als Martin in seinem Töpferkurs eine andere Frau kennenlernte, nur durch diesen Vampir entstanden war. Die Mutter hatte Martin verzogen und verhätschelt und ihm beigebracht, immer zuerst an sich zu denken. Die Mutter hatte ihn zum Heimlichtun angestiftet, wie Martina auch, der

13. Die Ehe zu dritt

sie die ungesunden Süßigkeiten zusteckte, welche Susanne aus dem Haushalt verbannt hatte. Die Mutter wiederum hatte ihm beigebracht, dass man den Weg des geringsten Widerstands ging und sich einfach zu einer anderen Frau ins Bett legte, wenn die eigene nicht zu allem Ja und Amen sagte und mit allem zufrieden war und immer die Lustsklavin spielte, wenn dem Herrn danach zumute ist. Martin hatte schließlich selbst gestanden, wie sehr er unter Einfluss stand. Es fielen Worte, die alles verrieten. Nachher sagte er: Im Streit, im Streit sagt man vieles, was man nicht so meint. Aber was er da gesagt hatte, das war seine wirkliche, seine tiefste Meinung, und die hatte er von der Mutter: »Auch meine Mutter sagt, dass du hart bist. Du kannst nichts dafür, deine Mutter hat dafür gesorgt, die hat ihre Buben immer mehr geliebt.«

Später beteuerte Martin, er habe doch nur so dahergeredet, es sei Spaß gewesen, seine Mutter habe doch keine Ahnung von den Konflikten in einer Ehe, die sei so schnell verwitwet gewesen wie verheiratet, sei eine einfache Frau und viel zu bequem, um sich nur einen Bruchteil der Gedanken zu machen, die Susanne da ausbreite und als Grund anführe, um der Oma das Haus zu verbieten, in dem Martin und Susanne inzwischen wohnen. Wenn sie darauf bestehe – so viel werde er doch noch sagen dürfen, auch wenn er nachher in dieser Sache für immer den Mund halten wolle –, wenn sie darauf bestehe, dann wundere er sich doch sehr, man sage doch, die Klügere gibt nach. Er habe die Tochter eines Studienrats, die Chefstewardess, die Leiterin des Kirchenchors anders eingeschätzt. Und jetzt sei seine Mutter die, welche vernünftig bleibe und ganz ruhig sage, sie verstehe es zwar nicht, aber es sei schon in Ordnung, ein Ehepaar müsse einen eigenen Weg finden.

Martina ist inzwischen eine erwachsene Frau mit eigenen Kindern. Sie besucht die Oma, aber sie hat auch einen guten Kontakt zu ihrer Mutter. Der Bruder ist ein wenig das Sorgenkind, er war wegen Depressionen in Behandlung und hat den Beruf gewechselt. Martin und Susanna sind überzeugt, dass die schöne Zeit, auf die sie sich gefreut haben, die Zeit des ungetrübten Genusses einer guten Altersversorgung in einem schönen Garten erst dann anfangen kann, wenn Susanne nicht mehr über die Ehe zu dritt klagen muss. Nur wie sie dazu kommen können, das wissen beide nicht. Martin ist sich keiner Schuld bewusst, und Susanne kann seine Mutterfixierung einfach nicht länger ertragen.

Kommentar zur »Ehe zu dritt«

Die Geschichte über die Ehe zu dritt zeigt die Verstrickung von zwei Personen, die durch ihre Vorgeschichte unfähig geworden sind, einander in der Verarbeitung von Kränkungen zu unterstützen. Sie können die Aufgabe des Selbstobjekts nicht erfüllen und ihre Partner in deren Krisen nicht entlasten. Sie gleichen einer Feuerwehr, deren Löschzüge mit Benzin gefüllt sind.

Martin hat den Vater früh und traumatisch verloren. So wurde er ein ödipaler Sieger, er konnte die Mutter ganz für sich haben, es gab keinen anderen Mann in ihrem Leben mehr. Aber dadurch verlor er auch den inneren Halt, den er

13. Die Ehe zu dritt

durch die Identifizierung mit einem starken Vater hätte gewinnen können. Er ersetzt diese emotional gefüllte Struktur durch eine intellektuell konstruierte, verbunden mit einer intensiven, aber abgewehrten Abhängigkeit vom Wohlwollen der Partnerin(Mutter). Daher kann er Susanne keine Sicherheit vermitteln, dass er sie liebt. Die beiden geraten in einen Teufelskreis. Sie fordert aufgrund ihrer Unsicherheit Liebesbeweise und Dienstleistungen; er fühlt sich von Liebesverlust bedroht und bemüht sich, seine Verlassenheitsängste zu kontrollieren, indem er mit anderen Frauen flirtet oder schläft und seine Mutter als Bundesgenossin zitiert, welche Susanne entwertet.

Je stärker sich Susanne entwertet fühlt, desto eifersüchtiger muss sie auf die Mutter werden, der sie unterstellt, sie werde mehr geliebt als sie, tue aber viel weniger für Martin.

Martin, der seine Defizite an männlicher Struktur ahnt, hat sich Susanne auch deshalb ausgesucht, weil er in ihr Fähigkeiten erkennt, die ihm abgehen. Wenn er aber mit seinem eigenen Selbstgefühl in eine Krise gerät, entwertet er Susanne, weil sie nicht weiblich genug ist, weil sie die Konten führt und ihn herumkommandiert und ihm nur ein Taschengeld gibt. Susanne umgekehrt hat zwar ihre Mutter dafür gehasst, dass sie die Brüder vorzog, aber sie hat sich auch mit den Brüdern identifiziert und ist ausgesprochen leistungs- und karriereorientiert. Als Hausfrau ist Susanne zwar perfekt, aber nicht ausgefüllt; sie wird immer neidischer und eifersüchtiger auf Martins Mutter. Die eigene Mutter hat Susanne nach ihrem Gefühl verraten, hat sich nicht mit der Tochter solidarisiert, sondern die Söhne vorgezogen und sich dem Vater immer unterworfen, um dessen Anerkennung Susanne ringt, ohne sie jemals zu erhalten.

Typisch ist auch, dass die Kränkungsverarbeitung erst dann entgleist, wenn bisherige Stützen wegfallen. Solange Susanne ihren Beruf als Möglichkeit erlebte, sich zu stabilisieren, eine neue Welt, neue Möglichkeiten der Entwicklung und der Anerkennung für sich zu erschließen, konnte sie ihre Kränkungsverarbeitung festigen. Sie fühlte sich von den Belastungen ihrer Ursprungsfamilie frei. Als Stewardess tat sie etwas, wovon weder ihr bildungsehrgeiziger Vater noch ihre im Grunde ängstliche und bürgerlich-angepasste Mutter etwas verstanden.

Die Männer an Bord flirteten mit ihr, die Frauen bewunderten sie oder rivalisierten, damit konnte sie professionell umgehen, sie fühlte sich geschützt und sicher.

Aber als sie sozusagen auf dem Boden, in der Hausfrauenrolle gelandet war, gewannen ihre Eltern wieder mehr Macht, und sei es auch nur darin, dass sie eine bessere Mutter sein wollte, als es ihre eigene und die Schwiegermutter waren. Und hier »verrieten« sie ihr Mann, Martina, die Schwiegermutter; und diese, die am leichtesten entbehrt und verteufelt werden konnte, traf dann auch die volle Wucht der Wut über den Verlust, die volle Verachtung der Nur-Hausfrauen, der bequemen Weibchen.

Die unbewussten Muster dieser Ehe zu dritt unterscheiden sich grundlegend von den bewussten. Unbewusst ist Susanne auch deshalb auf Martins Mutter wütend, weil diese Martin ihr vorzieht und daher nicht besser ist als Susannes eigene Mutter. Dass dann Martins Mutter auch noch die Liebe der

13. Die Ehe zu dritt

Tochter an sich reißt und diese sich von Susanne entfremdet, verschärft den verzweifelten Hass, der keine Grenze findet, weil Martin nicht mit ihm umgehen kann. Er gebietet Susanne nicht Einhalt, setzt nicht durch, dass beide Frauen nach wie vor Kontakt miteinander haben und – wenn sie sich auch nicht lieben – doch diplomatisch miteinander umgehen. Er lässt sie aufeinanderprallen. Darin steckt ein Stück eigene Aggression gegen die übermächtigen, verfolgenden Mütter. Sollen sie sich nur im Kampf schwächen, umso größer wird sein Gewicht!

Die Bedeutung ihrer Tochter und ihrer Mutter für das Selbstgefühl einer Frau lässt sich kaum überschätzen. Hier ist immens viel Nähe und Solidarität möglich, aber eben wegen dieser Nähe sind auch die Verletzungspotenziale groß. Die Ansprüche an Einfühlung und Harmonie werden manchmal so übermächtig, dass Konflikte zu Zerreißproben führen. Daher gibt es auch kaum einen unzugänglicheren und gleichzeitig virulenteren Konflikt wie den zwischen Mutter und Großmutter um die Liebe der Enkelin. Das Kind wird in die Rolle des Schiedsrichters gedrängt und soll, wie die Allegorie des Rechts, mit verbundenen Augen abwägen, wem die Rolle der besseren Mutter zukommt. Ist die Tochter stark und wird von einem unabhängigen Vater unterstützt, kann sie die Überforderung ablehnen und den beiden älteren Frauen deren eigenen Konflikt zumuten. Ist sie allein und ohne Verbündete, kann sie die Zerreißprobe oft nur durch den Schritt zum Selbsthass lösen – zur Essstörung, Selbstverletzung oder durch den Weg in die Psychose.

So stabilisiert sich die Ehe zu dritt auch deshalb, weil jede der drei Parteien viel Wut in sich trägt. Diese passt nicht zu der überwertigen, kompensatorisch hochgehaltenen Vorstellung, selbst gut und liebevoll zu sein. Daher wird der jeweils zweite, andere benötigt, um diesen Schatten zu tragen. Martin projiziert seine Wut auf die verfolgende Susanne, Susanne auf die intrigante Mutter, die Mutter auf die bösartige Schwiegertochter.

Daher kann es sehr wohl geschehen, dass die Ehe von Martin und Susanne eine neue Bürde tragen muss, wenn Martins Mutter stirbt, während ein naiver Beobachter gerade das Gegenteil annehmen würde: Dann ist doch das Hindernis beseitigt, die beiden können sich ungestört einander zuwenden. Aber sie werden auch keinen Blitzableiter mehr haben, keinen Sündenbock, keine Möglichkeit, die eigene Eifersucht zeremoniell zu binden. Solange die Mutter lebt, hat Susanne einen Gegner und Martin eine Verbündete; wenn sie stirbt, kann die Tote mächtiger werden als die Lebende.

14. Gegen Hass hilft nicht Liebe, sondern Gerechtigkeit

Problematisch an den Jesus zugeschriebenen Lehren finde ich den Vorschlag, glühende Kohlen auf das Haupt der Feinde zu sammeln, d. h. sie durch demonstrative Güte zu beschämen. Dadurch Einsicht und Nachdenken auszulösen, gelingt zumindest bei narzisstisch gestörten Tätern nicht. Sie wüten eher mehr, weil sie sich erniedrigt fühlen.

Psychologisch sinnvoll ist das Gebot der Feindesliebe nur so lange, wie es uns anhält, den Feind nicht zu entwerten und uns nicht so an ihm zu rächen, wie er es vielleicht mit uns tut.

Feindesliebe, die verspricht, die narzisstische Aggression durch Nachgiebigkeit zu stillen, führt in die Irre. Sie ist in den meisten Fällen nicht viel mehr als Bequemlichkeit, Angst vor einer Trennung, Angst vor der Einsicht in die Realität.

Ein Mann wird zu einer Haftstrafe verurteilt. Er hat seine Freundin mit einem Messer schwer verletzt, weil sie ihn nach dem heimlichen Leeren einer Flasche Kräuterlikör einen nichtsnutzigen Säufer, einen Lügner und Betrüger nannte, der sich einfach nicht an sein Versprechen halte, keinen Alkohol mehr anzurühren. Angezeigt wurde er diesmal, weil er nach der Tat das Opfer zur ärztlichen Versorgung in eine

14. Gegen Hass hilft nicht Liebe, sondern Gerechtigkeit

Klinik brachte und die Ärzte pflichtgemäß die Polizei informierten. Er hatte sie schon oft geschlagen, aber sie hatte ihn nie angezeigt. Sie liebt ihn eben und ist überzeugt, er werde irgendwann das ganze Ausmaß ihrer Liebe erkennen und dann der Partner sein, von dem sie träumt.

Auch jetzt will sie ihm verzeihen. Aber der Staatsanwalt besteht auf einer Verhandlung, der Richter sieht eine lebensgefährliche Körperverletzung. Im Gefängnis das erste Mal über längere Zeit nüchtern, beschließt der Mann, sich einer Gruppe der anonymen Alkoholiker anzuschließen, und ist seither trocken. »Wenn ich das geahnt hätte«, sagt die Partnerin, »dann wäre ich wirklich schon viel früher zur Polizei gegangen!«

Wer das Zögern der Opfer von Mobbing und/oder physischer Gewalt analysiert, findet oft eine Vorgeschichte, in der keine Vorstellung von Gerechtigkeit verinnerlicht werden konnte. Ein stabiles inneres Bild von Recht und Unrecht, von dem großen kulturellen Schritt der Gewaltenteilung ist etwas anderes als Gesetzeskenntnis. Narzisstisch beeinträchtigte Menschen haben in der Regel keinen stabilen Bezug zur Gerechtigkeit. Sie leben in einer Welt, die dem mittelalterlichen Bild von einer Scheibe gleicht, die am Rand ins Chaos abbricht. Wo nicht Liebe und Harmonie herstellbar sind, beginnt das Reich des Bösen.

Eine solche Spaltung zwischen Liebe und Gerechtigkeit entspricht oft einer Spaltung zwischen Familie und Außenwelt. Wer einen Fremden problemlos wegen eines Diebstahls, einer Körperverletzung, einer Nötigung anzeigen kann, wird sich gegenüber einem Liebespartner oder angesichts ähnli-

14. Gegen Hass hilft nicht Liebe, sondern Gerechtigkeit

cher Delikte der eigenen Kinder dazu außerstande sehen und auf diese Weise einen destruktiven Prozess verlängern.

Dann ist es nicht möglich, angesichts eindeutiger Gesetzesverstöße den Rechtsstaat und seine Organe – also die Polizei und die Gerichte – zum eigenen Schutz zu mobilisieren. Dadurch werden Mobbing-Kämpfe häufig endlos und materialreich. Eine Frau verweigert sich sexuell. Der Mann beschimpft sie: »Du Schlampe, du taugst nichts!« Sie: »Das lasse ich mir nicht bieten. Ich gehe!« Er: »Wenn du gehst, bringe ich mich um!«, oder: »Das wollen wir mal sehen!«, und stellt sich in Boxhaltung vor die Tür. Oder: Er schlägt sie.

Die Frau gibt nach, bleibt, lässt vielleicht sogar den Sexualakt über sich ergehen. Dann erzählt sie ihrer Freundin, dass er sie geschlagen hat, erinnert ihn, wenn er sich ihr zärtlich nähert, an die Gewaltszene. Sie erzählt den Kindern, dass der Vater sie neulich mit Gewalt genommen hat und sie nur aus Angst bei ihm bleibt. Der Vater bemerkt, dass sich die Kinder von ihm zurückziehen und wird auch ihnen gegenüber gewalttätig. Er vereinsamt und fängt an zu trinken; im Suff wird er noch gewalttätiger als früher. Die Familie »hält zusammen« gegen die Schande, dass die soziale Umwelt von der inneren Zerstörung erfährt. In der psychotherapeutischen Praxis lassen sich solche Familiengeschichten oft in ihren schrecklichen Details rekonstruieren. Die Mutter ist stolz darauf und erheischt Verständnis, dass sie es so lange mit dem »schwierigen« Vater ausgehalten hat; oft leugnet sie über dessen Zirrhose-Tod im Alter von 49 Jahren hinaus, dass er getrunken hat und sie seine Komplizin war.

Ich habe eine Reihe von solchen Koalkoholikerinnen be-

14. Gegen Hass hilft nicht Liebe, sondern Gerechtigkeit

handelt. Keine von ihnen hatte eine strukturbildende Identifizierung mit einem Elternteil vollziehen können, den sie als stark oder sicher erlebt hätten. In der kindlichen Phantasie steht der Vater für die Gerechtigkeit, die Mutter für die Liebe. Bei diesen Patientinnen war durchweg das Vaterbild schwer belastet. Der Vater war ein von der Mutter entwerteter Tyrann, er fehlte, weil er die Mutter wegen einer anderen Frau verlassen hatte, er war selbst Alkoholiker gewesen, er war schwerkrank, kriegsverletzt, geistig abwesend. Aus solchen Vorerfahrungen wachsen die Sehnsüchte, in der Verschmelzung mit einem starken, guten Mann das erlebte Defizit auszugleichen. Und der Alkoholiker ist, wenn er um eine Frau wirbt, oft männlicher, stärker, selbstsicherer als andere Männer. In einem Fall brachte es eine meiner Patientinnen nach langen Kämpfen dazu, dass ihr Partner einen Entzug machte und trocken lebte. Sie gestand mir einmal, der nüchterne Partner sei ein grässlicher Pedant, den sie nie und nimmer geheiratet hätte.

Die Rose ist das Symbol der Liebe, war aber zwischen 1455 und 1485 das Symbol erbitterter Kämpfe um die britische Krone zwischen der roten Rose von Lancaster und der weißen Rose von York. Als die Rosenkriege zu Ende waren, war auch die Hälfte des britischen Hochadels ausgerottet. Nach einem tragikomischen Hollywood-Streifen nennen wir einen Mobbing-Kampf, in dem beide Gegner sich lieber vernichten als einzulenken, den »Rosenkrieg«.

Familienrichter kennen wohlsituierte Bankdirektoren, die lieber ihren Beruf aufgeben und ihr Vermögen überschreiben, als ihrer Exfrau Unterhalt zu bezahlen. Strafrichter beschäftigen sich mit Vorwürfen sexuellen Missbrauchs, die Auseinandersetzungen um das Sorgerecht vergiften. Wo in der Liebe alles gut sein musste, wird im Hass alles schlecht. Und je länger einer der Beteiligten daran festhält, es müsse sich doch dieser Hass besiegen und nicht nur regulieren lassen, desto länger dauert der Kampf.

Der Satz »Lass uns Freunde bleiben« scheint mir ein Symbol für dieses Missverständnis. Er fällt nicht selten, wenn ein Paar auseinandergeht und einer von beiden die Macht des Hass-Gespenstes in sich erlebt. Da wird dann gleich die Beteuerung draufgesetzt, um das Gespenst wieder in den Keller zu sperren. Nun wissen wir aber, wie es ist mit Gespenstern, die nicht ans Licht dürfen. Sie bleiben stark und werden mächtiger.

Jüngst sprach ich mit einem Mann, der nach einer Trennung, die er freundschaftlich nannte, an einer Depression erkrankt war. Er lebte gemäß den Wünschen seiner Frau, von der sich vor einem Jahr getrennt hatte, nach wie vor in dem gemeinsamen Haus. Er fühlte sich nicht wohl, sah sich aber nicht in der Lage, mir genauer zu erklären, woran das lag. Allmählich stellte sich heraus, dass die von seiner Partnerin verhängte und von ihm kritiklos übernommene Freundschaft weder seinen noch ihren Gefühlen entsprach.

Er fühlte sich von Schönfärberei und Schönrednerei erstickt. Er sollte vor den Kindern über seine Unzufriedenheit mit der Ehe schweigen, erfuhr aber irgendwann doch, wie seine Partnerin sich vor den Kindern über ihn beklagt, ihn als den Schuldigen der bevorstehenden Trennung dingfest gemacht hatte. Zur Rede gestellt, leugnete sie, sie würde nie

14. Gegen Hass hilft nicht Liebe, sondern Gerechtigkeit

etwas tun, was dem Geist der verabredeten Freundschaft widerspreche. Die Frau wollte nie schlecht über ihren Mann reden und tat es doch immer wieder, wenn eine Freundin sie teilnahmsvoll fragte. Der Mann richtete seine Wut gegen sich und wurde depressiv.

Mobbing wird überall aus Sehnsüchten, aus Wünschen nach Liebe und Freundschaft geboren, nicht aus den Notwendigkeiten gemeinsamer Arbeit. Freundschaft ist erst wieder möglich, wenn das Trümmerfeld aufgeräumt ist und sich keiner mehr einen Vorteil davon verspricht, dem anderen die Schuld an der Misere zuzuschieben. Vorher kann sie zu einer gefährlichen Illusion werden, welche den Schatten der Liebe dunkler und bedrohlicher macht, indem sie ihn verleugnet.

Der Vorschlag wäre also der, das Konzept von Freundschaft aufzugeben, wenn es darum geht, mit dem Ende einer Liebesbeziehung umzugehen. Was dann nottut, ist Arbeit. Arbeit wiederum heißt, dass man bereit ist zu schwitzen, sich anzustrengen, zu verzichten, kurz: Unangenehmes zu erledigen, um ein Ziel zu erreichen.

Es gibt Arbeit aus Liebe und professionelle Arbeit, für die wir bezahlt werden. Für das Aufräumen und Ordnen einer vom Mobbing zerbrochenen Familie ist professionelle Arbeit das tauglichere Modell. Es geht um die vernünftige Regelung der Konflikte mit einem zweiten Egoismus, einem zweiten Zentrum von Wünschen in dem früher von einer großen Illusion der Gemeinsamkeit erfüllten Gebiet.

Gerechtigkeit heißt, dass geteilt wird, dass die Gesetze, welche der Rechtsstaat für solche Fälle vorsieht, ernst genom-

14. Gegen Hass hilft nicht Liebe, sondern Gerechtigkeit

men werden, dass in das Rechtsempfinden des Gegenübers vertraut wird und – wenn Misstrauen angebracht ist – die Gegenseite sich wenigstens darauf verlassen kann, dass ihre unfairen Tricks nicht mit gleicher Münze zurückgezahlt, aber auch nicht vertuscht werden.

Diese Strategie ist nicht nur die würdigste, sondern auf lange Sicht auch die wirkungsvollste. Es mag sein, dass im Spiel ein Foul übersehen wird; aber der Spieler, der zurücktritt, weil er gefoult wurde, riskiert immer mehr als jener, der den Schaden erträgt und hofft, dass das nächste Mal der Schiedsrichter aufmerksamer ist. Ähnlich sind Polizei und Gericht oft beklagenswert unvollkommen, wenn es darum geht, Konflikte zwischen Menschen zu regeln. Aber sie sind doch dem Faustrecht weit überlegen.

Wie alle realistischen Lösungen kostet der Appell an die Gerechtigkeit seinen Preis. Wer diesen Schritt tut, wer beispielsweise angesichts eines Rechtsverstoßes die Polizei ruft oder einen Anwalt aufsucht, muss den Kokon der Opferrolle verlassen, in dem es sich zwar eng, aber auch – narzisstisch gesehen – bequem lebt: Wer leidet, ohne sich zu wehren, ist ein lieber Mensch, wer zur Polizei geht, ein Querulant.

Wer sich schlagen oder missbrauchen lässt und doch bleibt, tut das oft nicht nur aus Liebe, sondern aus weniger reinen Interessen, beispielsweise weil sich der Schläger nach dem Exzess intensiv um Wiedergutmachung bemüht, besonders viele Geschenke mitbringt, Gelegenheit gibt, ihn im Gegenzug zu demütigen.

Alle diese Gratifikationen fallen fort, wenn Gewalt mit den Mitteln des Rechts bekämpft wird. Eine dritte Instanz tritt hinzu, die den Anstoß gibt, über Gerechtigkeit nachzudenken, auch wenn sie diese häufig nur notdürftig herstellen kann. In diesem Prozess können die Beteiligten erkennen, dass das durch Mobbing angestrebte Ziel einer Wiederherstellung der idealisierten Symbiose, der Harmonie von einst, tatsächlich Illusion ist.

Sie müssen sich der Wahrheit stellen, dass die ersehnte Liebe möglicherweise nie da war, sondern sie nur kurze Zeit von ihr träumten. Sie müssen sich damit abfinden, dass nicht verschwinden wird, was sie an ihrem Partner hassen, wenn sie ihn dafür beschimpfen, entwerten, strafen, prügeln. Es ist das Ende des verzweifelten Glaubens, dass Hass und Lieblosigkeit irgendwann »verstanden« werden, dass aus Schuld und Scham die ersehnte Liebe geboren wird wie die Liebesgöttin der Sage aus dem blutigen Schaum der Kastration.

Eine künstlerische Position

In den trivialen Romanen des 19. Jahrhunderts, bei Alexandre Dumas und Karl May, kann eine Kränkung »nur mit Blut abgewaschen werden«. Ein falscher Blick (»Sie haben mich fixiert!«) oder ein voreiliges Wort reichen aus, um einen »Ehrenhandel«, ein Duell auf Leben und Tod zu beginnen.

Mobbing-Partner sind nicht weniger empfindlich; ihr Duell jedoch ist nicht geregelt, daher ist auch selten klar, wer Sieger ist und wer Verlierer. Aber wer die chronische Eskalation herabregeln will, muss den Grundsatz der Verhältnismäßigkeit einführen, und es ist oft eindrucksvoll, wie dankbar Partner dafür sind, wenn ihnen der Berater energisch klarmacht, dass es weder kalt noch gefühllos, erniedrigend oder feige ist, sich jedes Mal zu überlegen, ob eine solche Kränkung den Konflikt lohnt oder nicht.

Containment beschreibt die Fähigkeit der Mutter, die herzzerreißenden und schnell wechselnden Affekte des kleinen Kindes aufzunehmen und das Kind mit einem schützenden »Behälter« zu umgeben. Dieselbe Haltung sollte der Analytiker angesichts der widersprüchlichen, heftigen Emotionen einnehmen, die in der Analyse freigesetzt werden können, wenn ein Patient alles zulässt, was ihn bewegt. Wut, Enttäuschung, Begehren, alles darf sein, darf existieren, wird angenommen und aufbewahrt; der Patient kann sich darauf verlassen, dass der Analytiker es hört, annimmt, umfasst, ohne es durch Urteile oder Forderungen zu stören. Ein schluchzendes Kind beruhigt sich in der Regel am schnellsten, wenn es in den Arm genommen und ihm bedeutet wird, dass es in Ordnung ist; es gewinnt nicht schneller seine Fassung zurück, wenn es dazu ermahnt oder mit Deutungen versehen wird, warum es weinen musste.

Es ist gewiss kein Zufall, dass Analytiker eine ausgesprochen künstlerische Auffassung der Psychotherapie vertreten: Jede Sitzung ist einzigartig und unvergleichbar. Jedes Mal kommt es darauf an, ob ein Zustand erreicht werden kann, in dem seelische Ereignisse so aufgenommen werden können, dass etwas Neues entsteht. Wichtig ist, die emotionalen, aber auch die wertenden Reaktionen eines Gegenübers nicht moralisch und nicht als Forderung zu erleben, selbst etwas zu tun oder zu verändern, sondern sie ästhetisch auf

Eine künstlerische Position

sich wirken zu lassen und erst aus dieser Wirkung etwas Neues zu entwickeln.

Auf das Mobbing angewendet, würde die Empfehlung so lauten: Machen Sie Ihr Gegenüber zu einem Kunstwerk, und begegnen Sie diesem wie ein Kind, nicht wie ein Kunstkritiker, Kunstwissenschaftler oder Techniker. Das Kind wird zunächst darauf achten, was das Kunstwerk darstellt und wie es wirkt. Der Kritiker wird beurteilen, ob es gut sei oder schlecht, der Wissenschaftler es vielleicht einem Stil, einer Epoche zuordnen oder technische Details wie die Pigmente der Farben oder die Qualität des Marmors klären. Das Kind hat keine Kriterien, keinen Maßstab, es kann nicht vergleichen.

Ich meine nicht, dass diese Betrachtungsweise kinderleicht ist, im Gegenteil. Da Aktionismus Angst bindet und ein Gefühl eigener Macht verleiht, fällt es Menschen in emotional aufwühlenden Situationen immer leichter, etwas zu tun als abzuwarten.

Der Mann, der ins Wasser springt, um seine Frau zu retten, obwohl er nicht gut schwimmen kann, wirkt auf den ersten Blick mutig. Aber wenn wir genauer hinsehen, handelt er aus einer Panik heraus. Er fürchtet sich so sehr, abzuwarten und nach einer Lösung zu suchen, die reale Erfolgsmöglichkeiten verspricht, dass er lieber an ihrer Seite ertrinken als länger diese Panik ertragen will.

Wer auf Mobbing mit Mobbing antwortet, gleicht diesem Mann. Wenn mein Partner mich entwertet, wenn ich den Eindruck habe, dass er mich hasst und mir die Bewunderung entzieht, die ich mir so sehr wünsche, ist das ganz ähnlich schmerzhaft, wie zusehen zu müssen, dass eine geliebte Per-

14. Gegen Hass hilft nicht Liebe, sondern Gerechtigkeit

son zu ertrinken droht. Aber der Versuch, diese narzisstische Gefahr dadurch aus der Welt zu schaffen, dass ich jetzt beginne, blindlings zu kämpfen, schadet mir und ihm noch mehr.

Der Partner, der mich mobbt, zeigt mir eine neue, überraschende, bisher verborgene »böse« Seite. Es ist nur eine Seite, es ist nicht seine ganze Person, sosehr eigene Kränkung uns nötigt, auf diese Unterscheidung zu verzichten und ihn ebenso teuflisch und unerträglich zu finden, wie er das mit mir tut.

Die »künstlerische« Betrachtungsweise im Sinn der negative capability, der Fähigkeit zur Unfähigkeit, würde diesen Aspekt den anderen Bildern hinzufügen, wie die Rückenansicht einer Skulptur, die wir bisher immer nur von vorn betrachtet haben. Der Partner hat mir etwas gezeigt, was ich bisher nicht gesehen habe; es ist eine Vertiefung der Intimität, ein Blick hinter die heile, harmonische Fassade. Soll diese andere, bisher verborgene, die bisherige Liebe in Frage stellende Seite die ganze Macht gewinnen, oder kann sie integriert werden? Kann das Paar sich entscheiden, mit ihr zu leben, ohne sich von ihr beherrschen zu lassen?

Ich denke, das kann gut gehen, aber es geht nur gut, wenn es eine gemeinsame Basis gibt, sich von der Mobbing-Episode zu distanzieren und dafür zu sorgen, dass diese nicht überschätzt wird und nicht den ganzen Horizont verdüstert. Menschen können sich schädigen und kränken, und sie können sich versöhnen und einen Schaden wiedergutmachen. Nur wer beides erlebt und beides zulässt, realisiert seine Möglichkeiten.

Das Zwischenlager

Gestörte Kränkungsverarbeitung hat mit den verbreiteten Arbeitsstörungen gemeinsam, dass sie eine Kultur des Zwischenlagers entwickelt. Arbeitsgestörte haben immer große Stöße von Vorgängen, die eigentlich erledigt werden müssten, und schichten diese periodisch um, weil sie das Wichtigste herausfinden wollen. In der Zeit, die sie in dem Zwischenlager verbringen, hätten sie ziemlich viel endgültig erledigen können.

Wenn sie nach Hause kommen, legen sie alles Unwichtige erst mal irgendwo hin, um das Wichtige aufzuräumen; später müssen sie dann, wenn sie etwas suchen, alle Zwischenlager durchsehen und vertun sehr viel mehr Zeit als Menschen, die anfangs etwas länger brauchen, weil sie alles gleich an seinen Platz räumen. Ein anderes Zwischenlager ist der Zettel, auf dem steht, dass etwas getan werden muss; diese Zettel nach Wichtigkeit zu ordnen, kostet Zeit, in der sich schon einige der aufgeschriebenen Aufgaben tatsächlich hätten erledigen lassen.

Ähnlich können sich viele Menschen nicht entscheiden, ob sie die Kränkung durch ihren Partner zum Thema machen oder ignorieren wollen, weil sie nicht wichtig genug ist. Sie sammeln diese Kleinigkeiten in einem Zwischenlager, das sie bei passender Gelegenheit öffnen. Auf diese Weise kann eine kleine Kränkung, die zufällig nicht mehr in dieses Zwischenlager gepasst hat, zu einem großen Drama und zu massiven Entwertungsgefühlen führen.

Beide »Zwischenlager« können aufeinanderprallen; das

14. Gegen Hass hilft nicht Liebe, sondern Gerechtigkeit

Beispiel ist nicht aus der Luft gegriffen. Carla, eine Psychotherapeutin, hat lange Jahre mit ihrem Mann Joseph eine Wochenendehe geführt. Joseph ist Universitätslehrer und hatte einen Ruf in eine andere Stadt erhalten, wo er eine kleine Wohnung bezog. Er hat sich auf jede freie Stelle in seinem Fach zurückbeworben, bisher aber nichts bekommen. Als Joseph schließlich doch Erfolg hat und die ganze Woche mit ihr leben will, wird Carla depressiv. Bisher hatte sie am Montag aufatmend das von ihm verursachte Chaos aufgeräumt und die Woche über so gelebt, wie es ihr gefiel, in ihrem Rhythmus, mit ihren Vorstellungen von Ordnung. Sie will sich nicht von Joseph trennen, aber sie will ihm nicht ständig seine Sachen hinterherräumen, und sie verzagt, wenn sie daran denkt, dass sie sich jedes Mal mit ihm auseinandersetzen soll, wenn er wieder eines seiner Zwischenlager angelegt, das Bad im Chaos hinterlassen, seine Kleider im Schlafzimmer gehäuft hat.

Früher gab es jedes halbe Jahr eine schreckliche Szene, weil Carla ihren aufgestauten Groll entlud und Joseph als Pascha beschimpfte, der eine Sklavin brauche, die ihm ständig seine Sachen hinterherräume. Carla will solche Szenen nicht mehr. Aber sie will auch das gemütliche Gefühl nicht opfern, wenn die Wohnung so ist, wie sie es braucht.

Josph versteht nicht, was sie hat. Freut sie sich denn gar nicht, wenn er endlich wieder da ist, wenn er nicht mehr diese langen Zugfahrten jedes Wochenende auf sich nehmen muss? Kann sie ihm zuliebe nicht etwas weniger pingelig sein? Sie ist ein rechter Putzteufel geworden, seit sie allein lebt, aber sie wird sich schon wieder an ihn gewöhnen, sie weiß doch, dass er ein emanzipierter Mann ist, der selbst kocht und staubsaugt und mit seiner eigenen Wohnung immer gut klargekommen ist – natürlich war sie nie so perfekt, wie Carla das macht, aber das sind schließlich Kleinigkeiten.

Wenn sich Carla entscheidet, diesen Konflikt zwischenzulagern, können wir unschwer heftigen Streit und wechselseitige Entwertungen (»Schlampsau! Pascha! Zicke! Putzteufel!) voraussehen. Wenn sie die Mobbing-Gefahren verkleinern will, kann sie sich entscheiden, nie ein Wort oder einen Gedanken zu speichern, die mit Josephs Unordnung und ihrer Mühe zusammenhängen, diese zu beseitigen.

Sie muss bereit sein, ihn jedes Mal zu bitten, das selbst zu tun und sich nie zu ärgern, dass er einfach nicht in der Lage ist, ihr zuliebe seine Zwischenlager aufzugeben, so dass sie mit ihm ähnlich ungestört in ihrer eigenen Ordnung lebt wie ohne ihn. Joseph hat mit ihrem Stil kein Problem, solange sie nicht verlangt, er solle so werden wie sie. »Ich bin tolerant«, sagt er beispielsweise. »Ich verstehe nicht, warum du nicht ebenso tolerant mit mir sein kannst!«

Das ist nicht leicht zu leisten. Wenn Carla meinen Rat suchen würde, würde ich zwei Lösungen diskutieren: eine gemeinsam bezahlte Putzfrau und strikte Reviere in der Wohnung (also kein gemeinsames Wohn- und Schlafzimmer), oder aber zwei getrennte Wohnungen in einem Haus. Das hört sich technisch an, enthält aber viel Psychologie: Respekt vor persönlichen Eigenheiten, realistisches Urteil über die Möglichkeiten, erwachsene Menschen zu erziehen, Verzicht auf idealisierte Vorstellungen von Liebe (»Er weiß doch, wie wichtig mir das ist! Liebt er mich denn kein bisschen, dass er es vergessen kann?«).

15. Humor in der Paartherapie

Wer recht hat, hat normalerweise nicht recht.
Imre Kertez

Ein Abend beim Italiener

»Zu unserem zehnten Hochzeitstag hatte mich mein Mann zum Essen eingeladen, wie immer. Er sagte, du isst doch so gern Fisch, ich habe neulich ein tolles Lokal kennengelernt, dicht beim Büro, hol mich ab, wir gehen da hin. Ich war skeptisch, ich dachte, vielleicht macht er es sich bequem, weil es praktisch für ihn ist, aber ich habe nichts gesagt, habe mir die Haare gewaschen, mein schönstes Kleid angezogen und war pünktlich da. Er war auch schon fertig, wir fahren also zu diesem Lokal. Was soll ich Ihnen sagen? Ich ging durch die Tür und prallte fast gegen einen Rollwagen, auf dem die abgegessenen Teller standen. Und so ging es weiter. An der Garderobe war ein Schild, es wird nicht gehaftet. Niemand hat mir aus dem Mantel geholfen, aber dann hat ihn der Kellner genommen und wollte ihn dort aufhängen, da habe ich gesagt, wenn es keine sichere Aufbewahrung gibt, nehme ich ihn mit. Wir sind noch nicht gesessen, da knallte der Ober schon die

Ein Abend beim Italiener

Karten auf den Tisch. Die Tomatensuppe war schlechter als meine zu Hause. Mein Mann hat den Hauswein bestellt, aber der war kaum trinkbar. Die Bedienungen waren alle ähnlich, dicke, ältere italienische Männer, die etwas ausstrahlten wie ›Es ist eine Gnade, wenn wir dich bedienen!‹. Wenigstens war der Fisch in Ordnung. Dann habe ich den Nachtisch bestellt, Mascarpone mit Himbeeren. Die Süßspeise wurde serviert, obendrauf lag eine Rispe mit roten Johannisbeeren. Ich habe gestutzt, aber dieser Ober war schon wieder weg, ich hab ihm nachgerufen und gesagt, ich hätte doch Himbeeren bestellt, er sollte sich den Nachtisch ansehen, ob das Himbeeren seien. Da hat er ohne ein Wort zu sagen den Löffel genommen, hat den Mascarpone umgegraben und mir gezeigt, dass die Himbeeren drunter waren, hat den Löffel wieder hingeworfen und ist gegangen. Und mein Mann hat das Ganze gesehen und hat nichts gesagt, und als ich sagte, wie schrecklich ich diesen Kellner und das ganze Lokal finde, hat er nur gesagt, der Fisch sei doch gut gewesen und der Kellner habe vielleicht einen schlechten Tag, aber es lohne sich doch nicht, sich darüber aufzuregen. Er wollte mir einen Grappa bestellen, aber ich hatte keine Lust mehr und habe gesagt, den Grappa trinke ich weiß Gott lieber zu Hause.

So sind wir schweigend heimgefahren und saßen dann noch einen Augenblick zusammen, während ich den Grappa holte. Ich habe mich sehr zusammengenommen und mich sehr bemüht, ganz freundlich zu sagen, dass ich mir etwas anderes von ihm wünsche als solche Abende, dass ich mich nicht unterstützt fühle, wenn er so über meine Wünsche hinweggeht und eigentlich mehr auf der Seite dieses grässlichen

Kellners ist als auf meiner. Mein Mann hat aber das getan, was er immer tut: Er hat gar nicht reagiert, er hat sein Glas ausgetrunken und gesagt, er sei jetzt müde und müsse morgen früh in die Arbeit. Und dann ist er ins Bett gegangen und hat mich sitzen lassen.«

Die Erzählerin

Nina T. ist eine schlanke, gutaussehende Frau, die wegen einer Depression vor einem Jahr in eine Therapie gekommen ist. Es geht ihr deutlich besser, sie hat neue Freunde gewonnen, ist viel aktiver und ausgeglichener als früher. Sie erzählt die Geschichte anfangs mit einem Lächeln und merklicher Freude an der Situationskomik, an der Schilderung der rundlichen, sehr von sich selbst eingenommenen, herablassenden Kellner, an dem Kontrast zwischen ihrer Erwartung an ein teures Restaurant mit gutem Service und den sichtlichen Mängeln gastronomischer Kultur in dem von ihrem Mann ausgewählten Lokal.

Sie wirbt um das Verständnis des Zuhörers und traut ihm spontan auch zu, dass er mit ihr zusammen die Situationskomik und das »unmögliche« Verhalten des Personals genießt; einmal sagt sie sogar: »Herr Schmidbauer, wenn Sie einmal richtig schlecht bedient werden wollen, ich gebe Ihnen gern die Adresse!«

Erst als sie in ihrer Erzählung an die Heimkehr mit ihrem Mann kommt, wird sie ernst und kann ihre Tränen nicht ganz unterdrücken, sagt dann aber wieder mit einem Lächeln, während sie ein Papiertaschentuch aus dem Kästchen auf dem kleinen runden Tisch zwischen uns beiden nimmt: »Ich brauche jetzt was aus Ihrer Zauberkiste!«

Der Vater

Im Orient gibt es die Geschichte vom erstaunten Tod: Er trifft einen Mann, der ihn irgendwann kennengelernt und sich mit ihm angefreundet hat. Diesem Mann hat vor einer Stunde sein Nachbar im Basar in größter Hast den Schlüssel zu seinem Laden gegeben, er müsse dringend fliehen, er habe soeben den Tod gesehen und reise jetzt nach Samarkand, um ihm zu entgehen.

»Ich bin verwirrt«, sagt der Tod zu seinem Freund. »Ich verstehe das nicht. Ich habe vor einer Stunde in dem Geschäft neben dem deinen einen Mann sitzen sehen, den ich heute Abend in Samarkand abholen soll!«

Der psychologische Aspekt an dieser Geschichte wird »Wiederholungszwang« genannt. Frühe Erfahrungen formen unseren Charakter; ein geformter Charakter, der auf eine beeindruckbare Umwelt trifft, verändert wiederum diese. Das Ganze kann dazu führen, dass wir, ohne das zu beabsichtigen, vielleicht gerade durch den intensiven Wunsch, etwas unbedingt zu vermeiden, eine Situation wieder herstellen, gegen die wir uns partout schützen wollten. Wir haben uns sozusagen zu den Antipoden aufgemacht und sind, dort angekommen, in einen Brunnen gefallen, der mitten durch die Erde wieder zu unserem Ausgangspunkt führt.

15. Humor in der Paartherapie

Nina sagt, sie erlebe ihren Ehemann gegenwärtig genau so wie früher ihren Vater. Er liebe sie nicht, er akzeptiere sie nicht, sie sei sein Opfer. Sie stelle doch nur die minimalsten, die bescheidensten, die extrem vorsichtig geäußerten Forderungen an das absolute Minimum von Einfühlung, Interesse, Zärtlichkeit. Er verweigere ihr das alles, eiskalt, beinhart.

Ninas Vater war ein harter Mann, Kranführer von Beruf, vor der Ehe Soldat und wie die Mutter aus Ostpreußen vertrieben. Nina war das einzige Kind, die Familie lebte, seit sie sich erinnert, in einer Reihenhaussiedlung. Die Mutter fürchtete das Urteil der Nachbarn und arbeitete ständig im Haushalt oder strickte für Nina Pullover, Mützen, Hosen, ganze Kleider. Nina hasste diese handgemachten Sachen und beneidete ihre Mitschülerinnen, die Bleyle-Kostüme trugen. Sie fand das Essen nicht gut, das die Mutter zubereitete; der Vater kämpfte mit Schlägen gegen ihren Trotz. »Einmal nahm er mir den Teller weg, den würde er jetzt einem anderen Kind geben, das dankbar sei, etwas zu essen zu bekommen!«

Wenn Nina von dieser Kindheit erzählt, scheint sich ihre Stimmung zu verdüstern. Ihr emotionaler Ausdruck verändert sich. Sie wird starr, eng, ernst; das fällt besonders auf, weil sich diese Reproduktion ihrer Beziehung zu Mutter und Vater von dem aktuellen Kontakt unterscheidet.

Nina wirkt locker, zugewandt, feinfühlig, offen für einen Dialog; sie ist bald heiter, bald ernst, je nachdem, welche Richtung das Gespräch einschlägt, immer aber eifrig bemüht, die Zuneigung und die Aufmerksamkeit ihres Gegenübers zu gewinnen. Solange sie sich mit mir über ihre Arbeit, einen Brief der Krankenkasse, eine Urlaubsreise unterhält, ist sie durchweg fähig und oft auch selbst aktiv, dem Geschehen seinen humorvollen Aspekt abzugewinnen. Sobald sie ihre Eltern erwähnt, wird sie ernst, freudlos, eine gekränkte Wut schwingt in ihrer Erzählung mit. Sie scheint keine Möglichkeit zu sehen, ihren eigenen Standpunkt zu verändern, sich in ihre Eltern einzufühlen, sich von diesen zu distanzieren, ihre Motive zu beurteilen. Es scheint ihr ausschließlich darum zu gehen, den Gesprächspartner zu bewegen, ihre Sicht zu übernehmen. Die Zuschreibungen von böse und unschuldig, von Täter und Opfer sind definitiv.

Der traumatische Raum und der freie Raum

Ob Nina Vieldeutigkeiten tolerieren und ihren Humor entfalten kann, das hängt nach diesen Beobachtungen davon ab, ob sie sich geistig in einem von Traumatisierungen bestimmten Raum bewegt oder nicht. Aus Einzelheiten, welche in den Berichten über die traumatischen Räume (wie ich sie der Einfachheit halber nennen will) auftreten, wird ein Gemisch aus Wut und Angst deutlich. Nina entwertet die Eltern und ihre Gaben. Sie erlebt die Eltern als Unterdrücker, vielleicht parallel zu ihrem eigenen Mangel an Bereitschaft, die Werte der Eltern zu respektieren.

Ihre Perspektive ist eingeengt. Gute Eltern kleiden ihre Töchter in Bleyle-Kostüme, schlechte stricken kratzige Pullover. Es gibt kein größeres Übel als dieses schlechte, obwohl ein distanzierterer Blick der Mutter zubilligen würde, dass sie sich bemüht, ihrer Tochter etwas zu geben, was im Prinzip einem Kind auch Freude machen könnte.

Nina kann nicht zwischen dem Sichverfehlen Liebender in womöglich auch guten Absichten und einer wirklich schlechten Behandlung unterscheiden.

Ninas Eltern (ebenso der Ehemann) sorgen für Wärme, sorgen für Nahrung und sind doch »falsch«. Es gibt einen Zusammenhang zwischen Humor und Selbst-Genuss im Sinn der Fähigkeit, etwas allein deshalb gut zu finden, weil es zu mir gehört und mich von dem prinzipiell katastrophischen Verlauf des Lebens abzulenken vermag. Ninas Verbissenheit entspricht eher einer Phantasie, dass es eine minderwertige Realität gibt, aus der definitiv zu entrinnen vermag, wer jeden Genuss, jede Augenblicksfreude diesem Prinzip opfert. Wer aus dem Wollpullover eine Hölle macht, für den ist das Bleyle-Kostüm der Himmel. In der »Wahrheit« des Humors schwingt mit, dass es in der Sonne immer so heiß ist, dass wir uns den Schatten wünschen, und im Schatten stets so frostig, dass wir unbedingt in die Sonne wollen. Im Himmel herrscht langweilige Freude, in der Hölle amüsante Qual. Kurzum: Ob Handgestricktes oder Markenware, alles hat sein Licht und seinen Schatten. Keine Erlösung, keine Erleuchtung, aber auch keine Verdammnis und kein Schmerz sind von Dauer, können absolute Macht über uns beanspruchen.

Wir vermuten zu Recht, dass die Humorlosigkeit, mit der Nina den bestrickenden Qualitäten der Mutter begegnet, in einer Humorlosigkeit der Mutter wurzelt, welche die Sehnsucht nach dem Bleyle-Kostüm nicht als unausweichliche Komik des Schicksals, sondern als Entwertung ihrer Maschenzauberei sah und entsprechend gekränkt und vorwurfsvoll reagierte. Nina wurde, weil sie auf Bleyle hin gegen die Mutter-Maschen trotzte, zum bösen Kind; die Mutter, indem sie das Nina antat und das »undankbare« Kind beim Vater verpetzte, der ebenfalls keinen Humor entwickelte, wurde für Nina zur bösen Mutter, die Beziehung entgleiste, jeder projizierte eigene Wut, eigene Enttäuschung auf das Gegenüber. Nach solchen Entwicklungen ist es meist das Beste, was Eltern und Kinder noch voneinander und miteinander haben können, wenn sie ihre Pflicht-Treffen überstehen, ohne die alten Narben aufzureißen.

Die schlechte Zeit

Traumatisierte schämen sich oft, dass es ihnen nicht gelungen ist, ihre Verletzungen zu vermeiden. Das galt in kaum einer Situation mehr als in Deutschland nach dem verlorenen Zweiten Weltkrieg. Angesichts der Untaten ihrer mit großer Zustimmung gewählten Regierung war es für die Kriegsgefangenen, die Vertriebenen und ihre Angehörigen nicht leicht, sich als unschuldige Opfer zu fühlen. Den meisten blieb nichts anderes, als ihre Erlebnisse als »schlechte Zeit« zusammenzufassen. Sie hatten in Hunger und Lebensgefahr, im Mangel an materiellen Dingen, mehr aber noch an innerem Raum, an emotionaler Freiheit, Selbstbewusstsein und Zuversicht still beschlossen, nach vorn zu blicken und sich gegen alles zu wehren, was ein enges Raster durchbrach. Die

15. Humor in der Paartherapie

»schlechte Zeit« war vorbei und nicht vorbei. Sie blieb anwesend in der Gestalt von Absicherungen gegen ihre Rückkehr, die nie umfassend und sicher genug sein konnten, in einer Art vorwurfsvoller Dankbarkeitserzwingung gegen jene, die nicht unter ihr gelitten hatten.

Die Verdrängung eigener Schuld und die im Nachkriegsdeutschland grassierende Unfähigkeit, den Kreis der Einfühlung über das einzig gequälte eigene Ich hinaus in die Leiden anderer Opfer zu erweitern, verwandelten diesen Dankbarkeitszwang für viele Kinder der traumatisierten Soldaten und Flüchtlinge in ein Instrument seelischer Verletzung.

Es störte die Eltern nicht im Geringsten, ihren Kindern übel mitzuspielen, sie sadistisch zu behandeln, sie in voller Absicht zu kränken, denn die Kinder konnten gar nicht so dankbar und so glücklich sein, dass es das Unglück und die Enttäuschung der Eltern ausgeglichen hätte. Die Kinder sollten spüren, wie sich eine schlechte Zeit anfühlt. Dann wären sie auch eher bereit, ihre Schuldigkeit an Dankbarkeit und Bestätigung der Eltern zu leisten.

Die Tragik dieser Prägungen der Kinder liegt darin, dass diese den Sadismus der Eltern nur zu gut erlernten und schließlich gegen diese richteten: In bohrenden Fragen und pauschalen Urteilen ging auch der nächsten Generation die Einfühlung verloren.

Ninas Eltern waren zu keinerlei Humor fähig, als ihre Tochter im Schulalter, mit dem freien Blick des Kindes und einem an sich gesunden Maß an Rebellion die enge, kratzige Welt der Mutter kritisierte. Nina war einfach nicht zufrieden, wenn die ängstliche Mama Forderungen stellte und sie nicht anders zu begründen wusste als durch die Formel: »Was werden die Nachbarn sagen!«

Das Kind sagte ihnen, wie eng, wie reduziert, wie verkümmert und armselig ihr Leben war, ohne das sein zu müssen. Und die Eltern bestraften das Kind, weil es undankbar war. Vielleicht beneideten sie es auch, weil es weniger Ängste kannte und mehr Ansprüche stellte und nicht glücklich war, etwas anzuziehen und zu essen zu haben, sondern auch wollte, dass es schön aussah und gut schmeckte.

Traumatisch verengte Räume generieren neue Einschränkungen. Fronten müssen sich verhärten, wenn das Kind nicht gelernt hat, sich zu entschuldigen, es gut sein zu lassen, Gnade vor Recht ergehen zu lassen, nicht alles so bitter ernst zu nehmen, weil es die Eltern nicht konnten. Am Ende projiziert jeder seinen Hass in den anderen und wirft diesem vor, pflichtvergessen zu sein, es an Kindes- oder Elternliebe fehlen zu lassen. Dahinter nagen Zweifel und Ängste, versagt zu haben.

Angst und Geborgenheit

Wir haben von traumatisch verengten Räumen gesprochen. In ihnen herrscht Angst. Die Wurzel des Wortes, lateinisch angustia, hat mit Enge zu tun. Angst ist vielleicht der wichtigste Affekt, den wir kennen, ein Gefühl, das nicht nur unser Erleben prägt, sondern auch tief in den Körper hineinwirkt und das Verhalten gegenüber anderen Menschen bestimmt: Anklammerung und Abstand. Wie Schopenhauer in seinem

Gleichnis von den frierenden Stachelschweinen[23] sagt, fühlen sich die Menschen unbehaglich, wenn andere Menschen zu weit entfernt, ebenso aber, wenn sie allzu nah sind.

Angst wurzelt in der Überlebensnotwendigtkeit für das kleine Kind, sich die Nähe eines »guten« Erwachsenen zu sichern. Diese Wurzel reicht in die Evolution des Menschen und in seine Erbanlagen. Daher können wir der Angst weder entrinnen noch sie heilen; wir können nur lernen, es mit ihr auszuhalten. Humor ist das Signal dafür, dass dies gelungen ist. Er ist die Grundlage des Gefühls, das die Stachelschweine erleben, wenn sie die Nähe-Ferne-Mischung gefunden haben, die sie am besten ertragen können. Im Augenblick der gemeinsam gefundenen Komik verlieren sich die Unterschiede der Macht, der Bedeutung. Das Kind sieht die Mutter in dem als gut empfundenen Abstand; beide lächeln sich an, sie brauchen momentan nicht mehr Nähe und nicht mehr Distanz, sie fühlen sich zugleich geborgen und frei.

Dies ist die Stimmung einer Beziehung, die Resonanz zweier Menschen, welche Humor möglich macht. Die Ängste, das gute Objekt zu verlieren, halten den Ängsten die Waage, von dem bösen Objekt festgehalten und selbst böse gemacht zu werden. So ergibt sich eine interessante Beziehung zwischen der seelischen Dynamik, welche Melanie Klein die »depressive Position« genannt hat, und dem Humor. Mit der depressiven Position ist die Fähigkeit gemeint zu erleben, dass ein gutes Objekt gleichzeitig auch böse sein kann, dass sozusagen das Gute im Bösewerden nicht alles Gute verliert und umgekehrt das Böse auch etwas Gutes zu enthalten vermag.

Wir brauchen Humor, um zu akzeptieren, dass etwas

schlecht werden kann, was einmal gut war. Da unsere sozialen Beziehungen das wichtigste emotionale Thema in unserem Leben sind, geht es häufig um diese.

Ich war einmal mit einem Psychoanalytiker befreundet, der mir einige seiner Bücher mit herzlichen Worten widmete. Als sich später unsere Wege trennten, nutzte er einen unbeobachteten Aufenthalt in meinem Arbeitsraum, um diese Widmungen bis zur Unleserlichkeit durchzustreichen. Dieser Mann war Mitglied in dem internationalen Verband der Freud-Anhänger, hatte selbst zwei lange Psychoanalysen absolviert und arbeitete seit vielen Jahren als Lehranalytiker.

Der Hafen der Ehe

Aus dem Gespräch mit Nina ergeben sich Fragen: Wie kann ein derart verletztes Kind, das in seinen Bedürfnissen nach Anlehnung und Geborgenheit enttäuscht wurde, doch viele Jahre ein normales Leben führen? Wie kann Nina eine Karriere machen, die sie weit über die bescheidene Welt der Eltern hinausführt? Wie kann sie sich schließlich sogar auf eine neue, enge, von Abhängigkeit geprägte Beziehung einlassen? Warum scheitert sie in ihrer Ehe? Warum kann sie in der Therapie genau jener Situation ihren humorvollen Aspekt abgewinnen, über die sie sich mit ihrem Ehemann humorlos gestritten hat?

Wenn Nina in ihren Geschichten über Vater und Mutter kein gutes Haar an diesen lässt, heißt das keineswegs, dass es nichts Gutes in diesen Beziehungen gab; es heißt nur, dass es

15. Humor in der Paartherapie

den Beteiligten nicht gelungen ist, die depressive Position zu erreichen und sich angesichts der Widersprüche und Konflikte nicht zu entwerten, in dem Sinn, dass nur eine unmögliche Mutter der Tochter ein Kleid strickt, wo doch diese nur ein Bleyle-Kostüm akzeptieren kann, und umgekehrt nur eine unmögliche Tochter nicht begeistert ist über Selbstgestricktes, sondern auf teuren Konsumartikeln besteht.

Nina hat ihr Bedürfnis, »Eltern« zu finden, die sie bewundernswert findet, in Schule, Studium und Beruf immer wieder befriedigen können. Sie ist gut mit ihren Lehrern ausgekommen, hat ihr Diplom erworben und in einem Unternehmen gearbeitet. In ihren Liebesbeziehungen war sie nicht so glücklich. Sie reagierte empfindlich auf Unaufmerksamkeiten ihrer Partner, fühlte sich rasch bedrängt, lebte viele Jahre in einer Sehnsuchtsbeziehung zu einem verheirateten Mann.

Eine traumatische Elternerfahrung im Berufsleben zu überwinden, fordert den Aufbau einer funktionierenden Fassade von Selbstdisziplin und Leistungsbereitschaft. Diese Fassade stabilisiert sich durch ihren Erfolg, aber zu ihr gehören auch Ängste vor Passivität, vor Hingabe, vor Entscheidungen, deren Folgen nicht überblickt werden können und die womöglich eine Rückkehr in den vermiedenen, tabuisierten Bereich der Kindheit erzwingen würden. Daher ist Nina auch kinderlos geblieben; sie fühlte sich von den Männern, die sie heiraten wollten, bedrängt, ja bedrückt, zugleich aber von dem verheirateten Freund alleingelassen.

Warum hat sie schließlich doch ihre Ängste vor einer engen Bindung überwunden und ihren jetzigen Partner geheiratet? Robert war ein Kollege, wie sie selbst im mittleren Management einer Abteilung, die unter einem unfähigen, cholerischen Leiter litt. Nina hatte unter ihm nicht ganz so viel zu leiden wie ihr späterer Ehemann, aber sie war doch ganz auf dessen Seite und unterstützte ihn, so gut sie konnte. Robert war verwitwet, er wollte keine Kinder, er bedrängte Nina nicht, ein ausgezeichneter Reise- und Urlaubskamerad.

So kamen sie sich näher. Da in der Firma sexuelle Beziehungen zwischen Führungskräften nicht gern gesehen waren, hielten sie ihre Verbindung geheim. Die Spannungen zwischen Nina und ihrem Chef wuchsen; er verlangte von ihr, gegenüber dem Gesamtvorstand des Konzerns Zahlen zu verschleiern, welche ihn schlecht dastehen ließen. Und plötzlich wusste der Chef, dass Nina und Robert ihre Urlaube zusammen verbrachten, und stellte zu allen anderen Konflikte Nina auch noch deswegen zur Rede.

Es wurde nie ganz klar, ob Robert sich verplappert oder irgendjemand den beiden nachspioniert hatte. Jedenfalls konnten nicht beide bleiben. Nina war ihre Stelle verleidet. Robert wollte sie heiraten, sie sollte es schön haben, sie war doch eine großartige Köchin und sorgfältige Hausfrau, die nur viel zu wenig Zeit für solche Dinge hatte. Sie beschloss, Robert zu heiraten, auf das Angebot einer Abfindung einzugehen, sich später vielleicht anderswo zu bewerben. Die Chancen waren angesichts der Marktlage und ihres Alters (sie war fünfzig geworden) schlecht genug.

Später nährte Nina den Verdacht, Robert habe sich nicht verplappert, niemand habe spioniert, er habe es darauf angelegt, dass ihr Verhältnis bekannt wurde, um dafür zu sorgen, dass sie gar keine andere Wahl hatte als die Ehe. Das war, als Robert mehr arbeitete als je zuvor und sich schweigend zurückzog, wenn sie versuchte, ihm eine Zärtlichkeit oder ein Stück Erinnerung an die Zeit ihrer romantischen Liebe abzuringen. Nachdem sie bemerkt hatte, wie wenig ihr die Rolle als Hausfrau gab, versuchte Nina, eine neue Stelle zu finden. Es war hoffnungslos; sie hatte es schon vermutet, sie war überqualifiziert. Die Decke fiel ihr auf den Kopf. Ihr Internist suchte eine Aushilfe für die Sprechstunde. Sie kam gut mit ihm klar, die Patienten mochten sie, warum nicht. Er war es auch, der ihr wegen ihrer Schlafstörungen und ihrer Tränenausbrüche zu einer Psychotherapie riet.

Nicht mit ihm und nicht ohne ihn

Nach einer früher sogar juristisch gültigen Regel hat nach einem Streit ein Partner dem jeweils anderen verziehen, wenn ein Sexualakt stattfindet. Aus psychologischer Sicht behält dieses Kriterium seinen Wert, vorausgesetzt, der Akt ist eine gemeinsame, zärtliche Form von Selbstvergessenheit und Neuanfang.

Ein anderes Kriterium scheint mir einfacher und vielleicht noch sprechender, auch wenn es zu banal erscheint, um in einer Gerichtsakte aufzutauchen. Es ist die Fähigkeit, zusammen über den Anlass des Streites zu lachen, somit dem tragisch-ernsten Geschehen, das die Beziehung gefährdete, eine komische Seite abzugewinnen, welche es in der Tat in den meisten Fällen hat. Komik entsteht dadurch, dass wir überrascht werden, weil etwas ganz anders kommt, als wir es erwarten. Daraus beziehen die Slapsticks und die »Dumm gelaufen«-Shows ihre Komik. Es misslingt etwas, Reiter plumpsen vom Pferd, Kinder rutschen der Mutter aus dem Arm, Tänzer purzeln im Versuch, sich besonders elegant zu bewegen, dem Sportler rutscht die Badehose vom Hintern, während er elegant ins Becken hechtet.

Der typische Ehestreit teilt mit der typischen Komik die Qualität einer Erwartung, die unerfüllt bleibt. »Du weißt doch genau, dass ich das nicht ertragen kann!« Soll ich dauerhaft mein Wesen opfern, um dein Wesen zu sichern? Ich verspreche es und halte mich dann doch nur teilweise daran. Das ist komisch, wenn die Partner innere Räume haben, in denen sie sich bewegen und die Perspektive wechseln können. Es ist verletzend, wenn diese Räume fehlen.

Es ist eine Kleinigkeit, das Waschbecken zu säubern, wenn sich die Partnerin vor den Bartstoppeln ekelt. Aber es wäre auch eine Kleinigkeit, die Bartstoppeln zu übersehen. Wessen Kleinigkeit ist wichtiger? Wer ist wichtiger? Wir sehen, sobald sich das Gefühl breitgemacht hat, in der Beziehung nicht so wichtig zu sein wie der Partner, sind die Bartstoppeln keine Kleinigkeit mehr, sondern ein Symbol, ein Funke, der in explosiven Gasgemischen zirkuliert.

So war es bei Nina, sobald ihr Mann die Familie versorgte. Er konnte nichts dafür, dass er dadurch nach dem zentralen Kriterium von Ninas Lebensgeschichte – der Autonomie, dem Kampf gegen die Abhängigkeit – unendlich wichtiger wurde als sie. Im Gegenzug hätte Robert sie auf Händen tragen müssen. Er aber war der Ansicht, es genüge doch, genug Geld für das gemeinsame Konto zu verdienen und im Übrigen weiterzumachen wie früher.

So wurde der Raum immer schmaler. Robert nahm Ninas Unzufriedenheit als Anlass, sich vor ihrer schlechten Laune in sich selbst oder in seine Arbeit zurückzuziehen. Streit war seine Sache nicht. Man löste Probleme oder ging den unlösbaren aus dem Weg. Nina würde schon wieder zur Vernunft kommen, würde sehen, dass sie einen guten Mann hatte, der das Seine beitrug zur Ehe. Und wenn nicht, dann war es auch ihre Sache, etwas zu unternehmen, er hatte wirklich keinen Kopf für eine Paartherapie oder einen Scheidungsanwalt.

Einmal sagte Robert, er halte es so nicht mehr aus, er wolle sich trennen. Nina war überrascht, wie heftig sie reagierte. Sie fürchtete sich. Sie wollte nicht allein leben, sosehr sie oft von einer eigenen kleinen Wohnung träumte, von der aus sie Robert besuchen konnte. »Hast du dir das gut überlegt? Wie soll das gehen?« »Ich weiß nicht«, sagte Robert. Es war Sonntag, am Montag musste er auf eine Dienstreise. Als er zurückkam, redete er nur noch von einem geplanten Kurzurlaub, auf dem sie Golf spielen wollten. Nina war erleichtert, dass er nichts unternommen hatte, gleichzeitig aber wieder enttäuscht – sie war es ihm nicht wert, ihr ausdrücklich zu sagen, dass er bei ihr bleiben wollte.

Der neue Pakt

Die unglückliche Ehe ist ein gefürchteter Widerstand in der Psychotherapie. Manche Analytiker lehnen solche Patienten ab. Sie haben die Erfahrung gemacht, dass die Energie der analytischen Arbeit aufgezehrt wird von Berichten über den Partner/ die Partnerin, dass stets nur von einer Person die Rede ist, welche nicht anwesend ist, die sich einer Deutung entzieht, keine Veränderung wünscht, während die anwesende Person jede eigene Veränderung für unmöglich erklärt, solange sich der Partner nicht ändert.

Aber die Behandlung solcher Konflikte ist durchaus möglich, auch wenn der Partner eine Paartherapie ablehnt und die Patientin zunächst keinen inneren Raum hat, um über etwas anderes zu sprechen als das, was ihr Mann getan bzw. unterlassen hat und wie unglücklich sie darüber ist. Der Zugang ist der Humor: Es wird möglich, ebenjene Konflikte komisch zu finden, die in der unmittelbaren Auseinandersetzung bitter ernst sind, ihnen ihre Slapstick-Qualität abzugewinnen; immer wieder an der Grenze entlangzuschlittern, an der die Tragödie in die Farce übergeht.

Humor bricht den Stolz, er transformiert ihn – denn wir können auch auf die Fähigkeit stolz werden, einen Konflikt humorvoll zu sehen, den andere bitter ernst nehmen. »Pack schlägt sich, Pack verträgt sich«, sagt Herr Eitel von Stolz, der lieber verhungert, als zu dem Bäcker zu gehen, der ihn beleidigt hat. Stolz kann sehr dumm sein, wenn er versucht, einen Menschen in ein Standbild zu verzaubern und ihm zu verbieten, von den Kindern zu lernen, die jederzeit bereit sind, alle Beziehungen entlang ihrer Wünsche neu zu verstehen. Die Lage zerstrittener Paare ist hoffnungslos, aber oft ist sie nicht ernst, sie muss es nicht sein, die Vergeblichkeit der Liebesmühe hat ihre Anklänge an einen Film über Dick und Doof – über den einen, der zwar beweglich ist, aber nichts kapiert, und den anderen, der versteht, was zu tun wäre, aber zu schwerfällig ist, es umzusetzen.

Das setzt voraus, dass auch der Therapeut nicht beleidigt ist über die Versuche, ihn ohnmächtig zu machen, dass er jederzeit bereit ist, die Rolle des Dicken und die des Doofen zu übernehmen, vorausgesetzt, die Stimmung entspannt sich und es wird ein seelischer Raum frei, in dem die Menschen wieder um den jeweils anderen herumgehen können, um ihn von allen Seiten in Augenschein zu nehmen und nicht nur nach Licht oder Schatten zu beurteilen.

Stolz und Humor

Humor als Liebe zum Hindernis ist eine konstruktive Form von Stolz, eine gutartige Überlegenheit über das Schicksal, das zwar siegen darf, aber nicht ernst genommen wird. In den bösartigen Qualitäten des Stolzes geht das Ich lieber unter, als sich in seine Niederlage zu schicken.

So schlägt der Humor narzisstische Brücken. Er ist aus ebendiesem Grund kostbar in der Behandlung menschlicher Kränkungen, weil er die Kränkung und die mit ihr verknüpften Kümmernisse nicht ignoriert, sondern transzendiert. Das unterscheidet ihn auch von der Ironie, welche eine Überlegenheit des Spottes über den Dünkel Dritter beansprucht und sich daher erst in der Selbstironie dem Humor nähert.

In der geschilderten Szene ist Nina zunächst zu stolz, um irgendeine Form eigener Beteiligung an dem Scheitern des gemeinsamen Abends wahrzunehmen. Sie konzentriert ihre Beobachtungen auf den Anteil ihres Partners: Er denkt nicht an sie, er macht sie platt, sie ist nicht mehr wert als irgendeiner seiner Kollegen oder Besucher, die in einem Durchschnittslokal abgespeist werden, er hat keine Minute an sie gedacht, sondern nur daran, wie er die eheliche Pflicht, die Routine dieses gemeinsamen Geburtstagsabendessens möglichst glatt abhaken kann.

Er ist kein viel beschäftigter Mann, der sich doch Zeit nimmt, ein Ritual mit seiner Frau zu pflegen, von der er nach Ninas Vorstellungen sowieso nichts will. Er ist ein Schattenriss, den Nina mit der Wut füllt, die seit dem Scheitern ihrer Vaterbeziehung in ihr schlummert und die sie damals mit dem Entwurf eines wirklich guten Vaters bekämpft hat, der dort ihr Vorbild wurde, wo der reale Vater versagte. An diesem Bild, das sie selbst sich stets bemüht zu erfüllen, misst sie ihren Partner – im Grunde nicht nur ihn, sondern auch sich selbst, auch jeden Menschen, der ihr nahekommt, für den sie, der ihr wertvoll sein soll. Das heißt natürlich auch, dass die Kellner in dem »guten« Lokal auch wirklich »gute« Kellner sein müssten, die sich ihr einfühlend zuwenden, so wie sie das mit ihnen tut.

Ich habe es vermutlich gut bei Nina und kann sie erreichen, weil ich mit vielen Bonuspunkten gewählt wurde, aufgrund eines Buches, bei dessen Lektüre sie sich »verstanden« fühlte. Allerdings ist das eine prekäre Existenz, und wiederum ist Humor gefordert, um die Gefahren des bösartigen Stolzes zu vermeiden, die jede mit einem narzisstischen Privileg ausgerüstete Position enthält.

Der psychologische Autor, der schon öfter wegen seiner Bücher als Therapeut gewählt wurde, weiß um die Problematik dieses Gefühls, »verstanden zu werden«, weil er schon öfter von dem Denkmalssockel gefallen ist, der große, der einzig Verständnisvolle zu sein.

»Verstanden zu sein« ist keine Realität, sondern eine Phantasie, die sich angesichts eines reinen Spiegels ungestört entfaltet, eines Spiegels, wie ihn der psychologisch einfühlend und genau verfasste (und vor allem mit diesen Qualitäten idealisierte) Text verkörpert. Aus ihm liest die sich verstanden Fühlende genau das heraus, was ihr an Spiegelung mangelt.

So appelliert Nina zunächst an mich, ihre Gefühle zu teilen, mich zusammen mit ihr erhaben zu fühlen über die sturen, eitlen Kellner, über ihren ebenso sturen, unempathischen Partner. Sie will, dass ich die Projektion ihres Ideal-Selbst annehme und teile. Aber hier öffnet sich auch ein gefährlicher Weg, denn die Therapiestunde ist flüchtig, sie hat eine Ausnahmesituation von Bestätigung und Spiegelung geschaffen. Je mehr Nina mich bewundert und an meinen Lippen hängt, desto härter wird es für sie sein, zurückzukehren zu Robert, dem sie den Glanz geraubt hat, mit dem sie mich noch schmückt. So ist es das Ziel, das sich wahrscheinlich nur mit Hilfe des Humors erreichen lässt, ihr diesen Glanz weder zu nehmen noch ihn dort zu lassen, wo sie ihn sieht, sondern ihn ihr als ihre eigene Möglichkeit zurückzugeben. Sie kann es doch auch, sie kann Menschen wahrnehmen, ihre Schwächen ertragen, ihrer Liebe die Grausamkeit des Stolzes nehmen, der niemals dorthin zurückkehren kann, wo er beleidigt wurde. Die bösartige Qualität des Stolzes hängt ja mit der Hilflosigkeit zusammen, die jede Lösung verbietet außer der einen: dem Kränkenden alles zu verweigern. Stolz ist Trotz, er ist ein Zeichen jener Unnachgiebigkeit, welche eine nicht überschreitbare Grenze mit sich bringt. Sie gleicht jener Furche, welche Romulus mit dem Pflug zog und um derentwillen er seinen Bruder erschlug, der ihrer spottete und sie übersprang, obwohl sie doch den geheiligten Bezirk des eben gegründeten Roms markierte.

Indem wir aber eben eine solche Geschichte erzählen, gewinnen wir den Abstand, den der Humor braucht: Romulus musste Remus erschlagen, aber beide vereint haben uns eine Geschichte geschenkt, in der etwas für den einen heilige Grenze ist, für den anderen nur Furche im Feld. Wenn Perspektivenwechsel überhaupt denkbar ist, dann wird es auch möglich, sich von der extrem eingeengten Weltsicht des Stolzes wieder zu distanzieren und einen freien Raum zu gewinnen – und nie lachen wir herzlicher als in dem Augenblick, in dem sich eine Spannung löst und etwas, das eng schien und bedrückte, sich weitet.

Indem ich Nina die Gefolgschaft gleichzeitig halte und kündige, kann ich ihren Ärger über die eitlen Kellner und den abweisenden Robert teilen und doch versuchen, das Verhalten Roberts nicht als dämonisch, als durch und durch böse zu deuten, sondern als schwach, als Zeichen eines Gefühls, dem Perfektionismus Ninas nicht gewachsen zu sein.

Damit versteht Nina auch ihre eigenen Ängste besser, Robert zu verlieren, die angesichts eines eiskalten, an ihr nicht interessierten Mannes doch verrückt wären. Sie gewinnt ein Gefühl partieller Macht, das an die Stelle der Sehnsucht nach völliger Macht und des Schreckens völliger Ohnmacht tritt, wie sie das frühe Erleben auszeichnen.

Dieses ist von der Spaltung in Größe/Omnipotenz auf der einen, Bedeutungslosigkeit/Vernichtung auf der anderen Seite geprägt. Es verlangt, nur die eigenen Werte gelten zu lassen, um der Angst vor Wertlosigkeit und Auflösung des eigenen Selbst zu entgehen. So verwandelt sich der unerfüllbare Auftrag des primitiven Narzissmus – »verschaffe mir auf der Stelle einen besseren Partner!« – in den erfüllbaren Auftrag der Therapie: Wir sind alle nicht perfekt, aber wir können damit leben und müssen nicht darüber verzweifeln.

16. Ironie in der Paartherapie

In der zweiten Fallanalyse geht es um Ironie. Ironie kann destruktiv sein, weil sie eine stolze Position für die Analyse unzugänglich macht; in diesen Fällen wird es zur Aufgabe des Therapeuten, nicht mitzulachen, sondern der Situation und damit der Beziehung ihre Würde und ihren Ernst zurückzugeben. Die Grundregel des Umgangs mit Ironie: überhebliche Ironie durch Konfrontation mit verleugneten Abhängigkeiten und Bedürfnissen bekämpfen; Selbstironie, die ja fließende Übergänge in den Humor aufweist, zulassen und fördern.

Der Teller im Gesicht

»Wie es mir geht? Na, wie soll es mir gehen, wenn diese Damen mir das Leben schwer machen? Es ist ihnen nicht recht zu machen. Da habe ich jetzt tausend Mails geschickt und eine Million SMS, und die eine Dame hat sich wieder bequemt, mich zu sehen, und schon, als ob sie es gerochen hätte, macht mir die andere eine Szene. Da sitzt man friedlich beim Essen und will nicht über Probleme reden, und plötzlich fliegt einem der Teller mit den Würstchen und dem Senf ins

Gesicht, weil die bessere Hälfte es einfach nicht erträgt, dass ihr Gatte in Ruhe essen will und nicht über jede Minute Rechenschaft ablegen.

Da war es schon besser, als ich in der Kanzlei schlief, aber das ist auch keine Dauerlösung. Jetzt schlafe ich bei meinem Sohn im Zimmer, aber das hindert die Gattin nicht, nachts an meinem Bett zu stehen und mich anzuschreien und eine Erklärung zu wollen, die ich ihr doch schon tausendmal gegeben habe, dass ich ihr nichts schulde und wegen der Kinder da bin und sie das akzeptieren muss. Und die andere Dame hat sich wochenlang bitten lassen, das zu verstehen, dass ich nicht wieder in mein Haus gezogen bin, weil ich meine Frau mehr liebe als sie, sondern weil ich die Kinder nicht alleinlassen will.

Ich habe mir dann auch nichts mehr gefallen lassen und gesagt, wenn sie so weitermacht, dann lasse ich sie psychiatrisieren, und sie sieht die Kinder nicht mehr. Da hat Isabella geweint und mich gebeten, ihr zu verzeihen, aber ich muss ganz kalt bleiben, weil sie sonst denkt, ich liebe sie doch, und gleich mit mir schlafen möchte. Ich finde diese Sexualität weit überschätzt, es ist ja nicht so, dass wir nicht auch schöne Zeiten hatten, und ich bin ja noch nicht achtzig, dass ich Viagra bräuchte, aber mit ihr will ich einfach nicht mehr, und mit der anderen Dame ging auch lange nichts. Aber wenn ich denke, dass es auf der Erde drei Milliarden Männer gibt und drei Milliarden Frauen, und jeden Abend beschäftigt sich meinetwegen eine Milliarde von ihnen damit zu kopulieren, ich weiß nicht, ob ich da mitmachen muss, auf jeden Fall nicht so, wie meine Frau es möchte. Ich bin eigentlich treu, ich kann immer nur eine lieben, aber das ist definitiv nicht meine Frau, das ist die andere, Simone.

Eine Zeitlang wollte ich Isabella nichts von Simone sagen. Simone wollte das auch nicht. Sie ist mit einem Mann zusammen, der sich nicht richtig für sie entscheiden kann, hat auch ein Kind mit ihm, aber sie wohnte damals nicht bei ihm. Eigentlich bin ich ganz monogam. Solange Isabella nichts von Simone wusste, haben wir noch manchmal zusammen geschlafen, ich konnte es ja nicht verweigern. Dann ist Simone wieder zu ihrem Typen gezogen, und ich habe Isabella gesagt, dass ich eine andere habe. Deshalb sind wir hier. Ich schlafe nicht mehr mit ihr, habe das in den letzten Jahren auch nur gemacht, weil sie wollte, hab halt so mitgemacht, ich bin eben ein normaler Mann, wenn sie mir an die Wäsche geht, aber ich habe mich die ganze Zeit gefragt, ob sie es nicht merkt, weil es doch so anders ist als früher, so mechanisch, aber sie hat es gewollt und hat es gekriegt, und nachher war sie immer noch nicht zufrieden. Es ist ja auch nicht so, dass sie zu Hause sitzt und auf mich wartet, sie geht aus, sie hat doch diesen Mann, der sie sogar heiraten will, aber das hindert sie gar nicht, immer wieder zu kommen und zu fragen, wie ich zu ihr stehe, und durchzudrehen, wenn ich keinen Bock habe, ihr zu sagen, was sie hören will.«

16. Ironie in der Paartherapie

Das Paar

Stefan ist 44 Jahre alt, seit zwölf Jahren verheiratet, zwei Kinder, ein Haus; er arbeitet mit anderen Anwälten in einer auf Patente spezialisierten Kanzlei. Seine Frau Isabella ist etwas jünger. Sie hat seit der Geburt des ersten Kindes ihren Beruf als Visagistin aufgegeben und war lange Zeit sehr stolz auf ihre Familie, den gutaussehenden Mann, das Haus. Sie hat immer noch eine perfekte Figur, ist eine hervorragende Köchin, organisiert die Urlaube, kennt von früher, als sie mit Models und Fotografen zu den schönsten locations reiste, die besten Hotels und die besten Fluglinien.

Stefan, erzählt Isabella, hat sich zu Beginn der Beziehung sehr ins Zeug gelegt, um sie zu gewinnen. Sie war damals gerade frisch getrennt und noch sehr misstrauisch; er aber hat sie überredet, und sie hat das nie bereut. Sie hat eine wunderbare Familie und einen Mann, der das alles kaputtmacht. Wenn ihr da manchmal die Nerven durchgehen und sie zu temperamentvoll reagiert, tut ihr das leid. Aber es würde nicht geschehen, wenn Stefan ein klein wenig mehr Verständnis zeigen könnte für ihren Zustand. Stefan hat Simone zwei Jahre verheimlicht; als sie zu ihrem früheren Freund zurückzog, gestand er Isabella, dass er eine andere liebe, zog in die Kanzlei und versuchte Simone zurückzuerobern.

Stefan und Isabella kommen aus traumatisierten Eltern-Beziehungen. Isabella ist ein voreheliches Kind, von Mutter und Stiefvater mit besonders hohen Auflagen erzogen. Sie steht unter großem Zwang, eine »gute Familie« zu haben, was sich in ihrer Phantasie so auswirkt, dass die Frau dafür sor-

Das Paar

gen muss, dass der Mann zufrieden ist, indem sie alles richtig macht. Stefan ist der Sohn einer dominanten Mutter, die nach einer Kriegsverletzung des Vaters das Regiment übernahm, die Familie zusammenhielt, ihren Sohn als den »besseren Mann« zum ödipalen Sieger machte, ihn aber auch darauf vorbereitete, eine gute Ehe bedeute zu tun, was die Frau sagt, und möglichst wenig selbst zu entscheiden und zu verantworten.

Isabella ist von der Paartherapie, die sie mit Stefan beginnt, schnell überfordert. Sie kann keinen anderen Standpunkt ertragen als den eigenen und findet den Versuch des Therapeuten unerträglich, einen Raum zu öffnen, in dem die unterschiedlichen Wünsche und Sehnsüchte beider Partner Platz haben.

In dem Gespräch, das sie ohne Stefan mit dem Therapeuten führte, war Isabella freundlich und aufgeschlossen. Aber in der ersten Sitzung, in der Stefan auf seinem Standpunkt beharrt, bricht sie in Tränen aus und verlässt türenschlagend das Behandlungszimmer. Stefan muss ihr nachgehen, »um das Ärgste zu verhindern«. Isabella droht mit Selbstmord. Sie hat den Namen ihrer Rivalin herausgefunden, spürt sie auf, schreit durch die geschlossene Tür ihrer Wohnung die Vorwürfe, sie beraube zwei Kinder ihres Vaters, verwirre einen bisher braven Mann, solle das lassen, sei eine feige Sau, die sich nicht einmal ins Gesicht sehen lasse.

Die Geliebte ruft Stefan an, der alles stehen und liegen lässt, um Isabellas Amok zu bremsen. Stefan droht, Isabella in die Psychiatrie einweisen zu lassen, ihr die Kinder zu nehmen. Isabella löst sich kurz in Tränen auf. Nachdem sie sich erholt hat, behauptet sie dagegen, nie und nimmer würden die Gerichte das zulassen, Stefan sei schuld an allem, das würde jeder Richter ebenso sehen, das habe auch ihre Anwältin gesagt.

Ironische Vision und körperlicher Humor

Stefans Sicht auf seine Situation ist ironisch, aber humorlos. Da Isabella Stefans Ironie nicht versteht und in ihr eine Wärme vermisst, die sie zumindest fühlen könnte, kann sie Stefan nur abweisend und »kompliziert« finden. Das schärft ihren Rigorismus, der wiederum Stefan verführt, sie so lange zu provozieren, bis sie aus der Rolle fällt und sich als moralische Instanz unmöglich macht.

Stefan entwickelt in der Paartherapie eine Vision. In zehn Jahren wolle er mit den drei Kindern und den beiden Frauen in der Toscana an einem großen runden Tisch sitzen, Wein trinken und guter Dinge zurückblicken auf diese doch lächerlichen, kleinlichen Konflikte. Isabella konkretisiert und zerstört diesen Traum, sagt wütend: Daraus wird nichts, da mache ich nicht mit, entweder ich und die Kinder oder du und die andere, das musst du entscheiden.

Aber auch Isaballa agiert etwas wie eine lösende Vision, indem sie nach erbittertem Streit in Stefans Bett kriecht und mit ihm schlafen möchte. Isabella kann Selbstvergessenheit, Versöhnung, etwas wie physischen Humor (denn was ist es anderes, mit dem Mann zu schlafen, den sie eben noch als Zerstörer ihres Lebensglücks an den Pranger stellen wollte?) in ihrer Handlung ausdrücken, die nun wiederum Stefan entwertet und ignoriert.

Stefan formuliert seine Sehnsucht als Zukunftsprojekt. Durch mehr Distanz, in eine ferne Zeit und an einen fernen Ort verlagert, können alle so über den Dingen stehen wie gegenwärtig nur er.

Stefan und Isabella verfehlen sich trotz der von beiden geäußerten Sehnsucht nach Verzeihung und Selbstvergessenheit, weil sie sich nicht auf eine gemeinsame Struktur einigen können, in der sich beide respektiert fühlen. Der Partner, als Helfer in eigener Unsicherheit, Flickschuster eigener Selbstgefühlsmängel und daher Mitspieler nach den eigenen Regeln so dringend benötigt, kann das Spiel nicht beginnen, weil er sich nicht »verstanden«, nicht wahrgenommen fühlt.

Geschwächte Selbstgefühle reagieren mit heftigen Ängsten vor Selbstverlust und Auflösung, wenn statt der ersehnten Vervollständigung des Eigenen die Ergänzung und Stütze des Fremden gefordert ist. Bisher haben sie sich unter dem Dach einer Ehe getroffen, von der jeder nicht nur dachte, sie sei gut, sondern auch glaubte, sie sei etwas Gemeinsames. Jetzt müssen sie erkennen, dass ihre Vorstellungen weit auseinandergehen, wie mit einer Störung in diesem System umgegangen werden soll. Isabella ebenso wie Stefan halten mit der Angst Ertrinkender an ihren Vorstellungen fest: Isabella an einem in die Ehe zurückzuzwingenden oder sonst als Vernichter seiner Frau und seiner Kinder dämonisierten Stefan; Stefan an der technischen Lösung, zwar nach wie vor sein Geld in die Familie einzuzahlen, seine Emotionen aber frei mit Simone realisieren zu können.

16. Ironie in der Paartherapie

Der Beobachter versteht beide. Es fällt ihm nicht schwer, ihre unterschiedlichen Werdegänge zurückzuverfolgen und zu rekonstruieren, wann sie sich verloren haben. Er denkt vielleicht an die Geschichte vom Gefangenen, der einen Gitterstab nach dem anderen durch einen Teig aus zerkautem Brot und Feilspänen ersetzt. Ähnlich unbemerkt von Isabella hat Stefan seine Ehe als Gefängnis definiert und Stab um Stab nur noch scheinbar respektiert, bis schließlich mit einem Schlag deutlich wurde, dass er den Ort längst verlassen hatte, an dem sich Isabella seiner so sicher gewesen war.

Stefan war der zurückgezogene, passive, in der Planung aller Aktivitäten für die Familie ganz Isabella untergeordnete, nur im Beruf tatkräftige Partner gewesen. Andere Frauen beklagen sich über solche Männer und finden sie langweilig; Isabella glaubte, glücklich zu sein, denn sie hatte eine Familie, ein Heim, den Respekt ihrer Mutter, ihres Stiefvaters. Woher sollte Isabella wissen, dass sich Stefan ihr nur unterwarf, wie er es schon angesichts seiner dominanten Mutter getan hatte, dass seine Passivität ein stiller Protest war? Stefan wusste es selbst nicht, er wusste nur, dass er die kapriziöse Simone nicht verlieren durfte, die ihm ein ganz neues Lebensgefühl beschert hatte, neues Interesse für Musik, für Literatur, für Psychologie. Simone nahm ihm nichts ab, sie wollte alle Konflikte ausdiskutieren, sie kritisierte ihn, machte sich rar, konnte ihm aber auch in der Hingabe nach anstrengender Eroberung vermitteln, er sei etwas Besonderes, kein Pantoffelheld oder Tanzbär, der von seiner Ehefrau am Nasenring geführt wird.

Wenn er sich wieder auf die Erotik mit Isabella einlässt,

wird diese denken, es sei alles wie früher. Das darf aber nicht sein, denn dann verliert Stefan Simone. Simone muss alles von ihm wissen, sonst ist die Liebe zu ihr doch auch nicht besser, als seine Ehe war. Er müsste ihr seinen Fehltritt gestehen, sie würde ihn verlassen. In dieser Situation kindlicher Abhängigkeit, angesichts seiner Einschüchterungen und seiner dauernden Schuldgefühle, es weder Isabella noch Simone recht machen zu können, spricht Stefan distanziert, ironisch und großspurig von den beiden »Damen«, die sich irrational gebärden und mit einem unheimlichen Ahnungsvermögen begabt sind, männliches Fehlverhalten zu wittern und zu bestrafen. Er scheint es unbewusst darauf ankommen zu lassen, dass Isabella so irrational wie nur möglich reagiert, indem er nichts tut, um sie zu beruhigen und sich zu bemühen, ihre Kränkungen zu verkleinern. Im Hintergrund seiner Erzählung wird deutlich, wie ausgeliefert er sich fühlt; im Vordergrund steht er vollständig über den Dingen, über den beiden »Damen« und sogar über der trivialen Macht der Sexualität.

Das Distanzproblem

Kränkungsverarbeitung bedeutet immer auch Distanz, Abstand. Zwischen Stefan und Isabella eskaliert der Konflikt, weil Stefan zu viel Distanz benutzt und Isabella sich kaum distanzieren kann. Stefan erhebt sich so hoch, dass er die ganze Erdbevölkerung im Blick hat; Isabella ist so wenig distanziert, dass sie hofft, Stefan wieder zurückzugewinnen, wenn sie Simone bedrängt, die Finger von ihm zu lassen, und von ihm

16. Ironie in der Paartherapie

hören will, mit welchen sexuellen Tricks Simone ihn verführt hat – die beherrsche sie auch, und bessere.

Der Therapeut wird versuchen, Stefan aus seiner extremen (Pseudo-)Distanz wieder näher an seine und an die Gefühle Isabellas heranzuführen, während er Isabella zu bewegen sucht, mehr Abstand zu ihren fixen Vorstellungen über Stefan, Simone und die »richtige« Zukunft der Familie zu gewinnen. Es ist wenig prophetisches Talent vonnöten, um vorauszusagen, dass eine gemeinsame Therapie nur gelingen kann, wenn beide Partner bereit sind, sich in ihren Vorstellungen über den zuträglichen Abstand einander zu nähern bzw. sich von einem symbiotischen Modell zu distanzieren, in dem die eigenen Affekte keine Grenze erkennen und behaupten, für zwei zu gelten.

Stefans ironische Distanz betrifft nicht nur die »Damen«, sondern auch seine Gefühle. Er ist ebenso beherrscht und kontrolliert wie Isabella unbeherrscht. Beide Partner erkennen nicht, wie sehr sie das Verhalten des Gegenübers, das sie sich so ganz anders wünschen, durch ihre Versuche verstärken, dagegen vorzugehen. Stefan ist überzeugt, dass Isabella durch seine kühle Distanz abgekühlt wird, während sie sich durch diese aufs höchste provoziert und verärgert fühlt. Isabella ist überzeugt, dass sie Stefan endlich aus seiner Reserve zwingen wird, wenn sie ihm nur durch Wutausbrüche, Vorwurfsorgien und Selbstmorddrohungen begreiflich machen kann, wie sehr sie ihn braucht.

Schluss

Es ist, in einer Therapie wie in einem Buch, immer etwas Verlegenes um den Schluss. Mir hat sich ein bon mot dazu eingeprägt: »Der beste Schluss ist, einfach aufzuhören!« Aber das ist eben nicht so einfach, das Aufhören, es sei denn, die ganze Angelegenheit hat wehgetan und jeder ist erleichtert, wenn sie zu Ende ist. Das Menschenfreundliche am Geschriebenen ist, dass sich jeder Leser jederzeit ganz unauffällig diese Erleichterung verschaffen kann. Aber darum geht es dem Autor nicht, der ein Schlusswort schreiben soll. Er hofft, dass er gerne gelesen wurde, bemühte sich, seine Geschichten möglichst schön und anschaulich zu schreiben. Ähnliches mag für eine kunstgerechte Therapie gelten. Am Schluss ist dann vieles gesagt, freilich längst nicht alles, und noch weniger alles gelöst, was Leserin oder Leser, Patientin oder Patient sich womöglich erwartet haben.

Aus Lesungen und Vorträgen kenne ich eine Frage aus dem Publikum, die meist dann kommt, wenn ich ein wenig erschöpft bin und eigentlich aufhören möchte – ob ich nicht noch einmal für den Besucher, den meine Ausführungen etwas kompliziert angemutet haben, das wirklich Wesentliche in ein paar einfachen Sätzen zusammenfassen könnte? Ich verstehe dann die Autoren gut, welche nach vollzogener Lesung

Schluss

fluchtartig die Stätte ihres Wirkens verlassen. Eine solche Frage ist mit leeren Batterien schwer zu beantworten; im Grunde erfordert sie die Entschuldigung, ein Buch zu einem Thema geschrieben zu haben, das sich in zwei Minuten erschöpfen lassen müsste. Solange wir menschliche Schicksale betrachten und die hilfreiche Deutung diskutieren, sind wir abgelenkt von etwas, das wesentlicher ist, aber auch schwerer zu fassen. In dem Augenblick, indem der Therapeut/Autor sein Buch zuklappt und aufhören möchte, kommt die Frage nach dem bisher Ungesagten. Sie erkundigt sich nach der Haltung, welche so etwas möglich macht wie die Kreativität im Allgemeinen und die zwischenmenschliche Kreativität der Psychotherapie im Besonderen. Die Frager werden kaum glauben, die ganz auf sie zugeschnittene, zufriedenstellende Aussage zu erhalten. Aber sie wünschen sich vielleicht, dass der Autor es sich nicht so leicht macht, wegzugehen und sie allein zu lassen mit ihren Unsicherheiten.

Kreativität entsteht durch Spiel, durch Unbefangenheit, durch die Bereitschaft, etwas zu beginnen, dessen Ausgang unsicher, dessen Bewertung nicht festgelegt ist. Im Mobbing fehlt diese Bereitschaft. Sie wird durch die Abhängigkeit von Erwartungen ersetzt, für deren Nicht-Erfüllung ein Gegenüber verantwortlich ist. Kreativität braucht freie Räume; Mobbing engt diese ein, um eine übermäßig komplex und vielfältig gewordene Welt wieder einfach zu machen.

Die Frage nach der Quintessenz ist ein Mobbing-Angebot. Vielleicht verspürt der Autor die Lust, sich darauf einzulassen und den Frager ebenso zu brüskieren, wie er selbst sich brüskiert fühlt. Aber dann würde er die therapeutische Haltung aufgeben, denn diese ist die eines Forschers und nicht die eines Missionars. Zu dieser Haltung gehört die Bereitschaft, Unwissen einzugestehen und dadurch einen Raum zu öffnen, in dem Wissen entsteht und Einfühlung in das Fremde möglich wird.

Noch ein Wort zu den Fallgeschichten. Sie sind fiktiv in dem Sinn, dass ich keine Klientinnen oder Klienten dargestellt habe, sondern Schimären aus verschiedenen Einzelschicksalen. So bitte ich darum, kein Detail als Aussage über eine reale Person zu nehmen; jede solche Ähnlichkeit ist rein zufällig. »Schimäre« leitet sich von der griechischen Chimaira ab, einem Fabelwesen, gemischt aus Löwe, Ziege und Schlange, das die Besucher des Museums von Arezzo in einer eindrucksvollen etruskischen Bronzefigur kennen lernen können.

Im Mythos tötet Bellerophon (übrigens der Reiter des Pegasus) die Chimaira. Der Autor besitzt kein geflügeltes Pferd und hält nicht das Geringste davon, Fabelwesen auszurotten.

Anmerkungen

1. W. Schmidbauer, Die Rache der Liebenden. Verletzte Gefühle und der Weg aus der Hass-Falle. Reinbek 2005
2. Richten sich deshalb die Versprechungen der Religion an Traumatisierte? Das wäre eine eigene Untersuchung wert, die sich freilich mit dem schwierigen Problem einer Eingrenzung des Traumabegriffs zu beschäftigen hätte.
3. Die inzwischen verbreiteten Dominanz-Spiele der Sexualität setzen solche Muster in Szene: Sonst nicht gelingende Lust kann sich entfalten, wenn ganz klar ist, wem in der erotischen Interaktion alle Macht und Tugend oder aber alle Ohnmacht und Minderwertigkeit zuzuordnen sind. Domina und Sklave reinszenieren eine Philosophie, die in der Antike Pythagoras zugeschrieben wurde: »Es gibt ein gutes Prinzip, das die Ordnung, das Licht und den Mann, und ein schlechtes Prinzip, das das Chaos, die Finsternis und die Frau geschaffen hat.«
4. Vgl. W.Schmidbauer, Der hysterische Mann, Frankfurt 2001
5. Friedrich von Schiller, Der Ring des Polykrates
6. Tolkien, Herr der Ringe I
7. Verwandt ist die Geschichte vom Skorpion, der von einer Kröte über einen Fluss getragen wird und mitten im Strom die Kröte fragt, warum sie so töricht sei, ein Geschöpf mit einem gefährlichen Giftstachel auf ihren Rücken zu nehmen. Die Kröte sagt, sie sei sich ihrer Sache sicher, denn wenn sie sterbe, müsse auch der Skorpion ertrinken. Um sich gegen diese Krötenlogik zu behaupten, sticht der Skorpion, und beide gehen zugrunde.
8. F. Holzboer, Genforschung für die Seele – moderne Konzepte in der Psychiatrie, Max-Planck-Forum, Mai 2006, vgl. Süddeutsche Zeitung, 30.5.2006, S. 15.

9. Holzboer behauptet, er habe ein Gen gefunden, das die Ansprechbarkeit für antidepressive Medikamente regelt.
10. So gibt es im ländlichen Afrika praktisch keine Depressionen, während sie in Europa und den USA nach Herzkreislaufleiden und Krebs die häufigste Todesursache sind.
11. Die Zahl der von Mobbing beeinträchtigten Arbeitsstunden wird auf 1,7 Milliarden, die Gesamtkosten für die deutsche Wirtschaft pro Jahr auf 20 Milliarden Euro geschätzt: Datenbasis sind Telefonbefragungen und Fragebögen. Vgl. B. Meschkutat und Mitarbeiter, Der Mobbing-Report, Sozialforschungsstelle Dortmund, 2003
12. Thomas Kirchen, Mobbing im Bildungs-, Sozial- und Gesundheitswesen. Ibidem-Verlag, Stuttgart 2006, S. 28
13. Diese Zahl gewinnt viel weniger Aufmerksamkeit als die acht bis zehn Sexualmorde an Kindern, die jedes Jahr zu beklagen sind.
14. Ich habe diesen Aspekt ausführlicher diskutiert in W. Schmidbauer, Lebensgefühl Angst, Freiburg 2005
15. Goethe, Mignon
16. Über die Unzulässigkeit einer Konstruktion »angeborener Gefühlsreaktionen« analog zu Instinkthandlungen siehe W. Schmidbauer, Biologie und Ideologie. Kritik der Humanethologie, Hamburg 1973, S. 31 f.
17. Diese Erzählung stammt von dem antiken Schriftsteller Petronius: Eine wegen ihrer Liebe und Treue vielgelobte Frau will, verwitwet, dem Gatten in den Tod folgen und weint untröstlich an seinem Grab. Ein Soldat, der einen gehängten Verbrecher bewachen soll, damit dieser nicht würdig bestattet werden kann, hört das Schluchzen, redet der Weinenden zu, umarmt sie, es kommt zu Zärtlichkeiten, die beiden vergessen im erotischen Rausch die Welt um sich. Als sie wieder zu sich kommen, entdeckt der Soldat, dass der Leichnam gestohlen wurde und er mit seinem Leben für diese Nachlässigkeit wird büßen müssen. Nun schlägt die Witwe vor, doch statt des geraubten Leichnams ihren Gatten aufzuhängen.

Anmerkungen

18. »Wir lassen das widerspenstige Kind die natürlichen Folgen seiner Handlungsweise tragen. ... Ißt es z.b. nicht, so wird ihm dieses fortgenommen und es muß hungrig bleiben.« (kK 194) »... das schreiende und widerstrebende Kind ... wird ... gewissermaßen ›kaltgestellt‹, in einen Raum verbracht ... und so lange nicht beachtet, bis es sein Verhalten ändert.« (260) Gibt es ein Messer nicht wieder her, »dann lassen wir es ruhig auf einen kleinen Schnitt ankommen.« (kK 195) Haarer bringt mit sichtlichem Stolz mehrere Beispiele für die gelungene Internalisierung und libidinöse Besetzung von Strafe und Schmerz. So hat sich ihre 2½ jährige Tochter geschnitten. »Über einer kleinen, blutenden Wunde verzog sie keine Miene, sondern sagte strahlend: ›Tut der Anna gar nicht weh!‹« (kK 95) »Den Selbständigkeitsdrang des Kindes nützen wir geschickt zu seiner Abhärtung aus. Ist es z.b. einmal gefallen, so wird es nicht aufgehoben und auch nicht unnütz bedauert. Wenn man von Anfang des Laufenlernens so handelt, dann weint das Kind nur nach wirklich schweren Stürzen, bei denen es natürlich unserer Hilfe und unserer Teilnahme gewiß ist. Hascht es nach Mitleid, will es nicht aufstehen, so rufen wir seine Selbständigkeit förmlich an: ›So ein großes Kind steht doch allein auf!‹» (kK 190) Ihr Sohn Fritz sagt 2-jährig empört nach ernsthaftem Hinfallen zu sich selber: »Aber der Fritz weint doch nicht!« (kK 190) Zit.n. Gudrun Brockhaus a.a.O., »kK« ist ein Kürzel für Haarer, Johanna: Unsere kleinen Kinder, München: Lehmann 1936
19. Haarer, Johanna: Unsere kleinen Kinder, München: Lehmann 1936, S. 207
20. Platon erzählt einen Mythos über den Ursprung des Eros: die Geschichte von den ungeheuer starken Kugelwesen, deren Kraft die Götter bedroht, bis diese sie dadurch schwächen, dass sie sie in zwei Teile schneiden »wie Eier mit Haaren«, und ihnen so die Sehnsucht einpflanzen, sich mit der verlorenen Hälfte zu vereinen. Während die Kugelwesen sich wie die Zikaden vermehrten, indem sie Eier in die Erde legten, erhielten die Menschen danach das Geschenk der sexuellen Verei-

nigung. Da es drei Sorten solcher Kugelwesen gab – die Weiblichen, von der Erde, die Männlichen, von der Sonne, und die Mannweiblichen vom Mond –, gibt es nun auch Frauen, die sich mit Frauen vereinigen wollen, Männer, die das mit Männern tun möchten, und schließlich auch Frauen und Männer, die sich nach etwas sehnen, das anders ist als sie, um sich mit ihm zu vereinen und dadurch wiederum Wesen hervorzubringen, die – wie wir wissen – stets für Überraschungen gut sind. Die psychoanalytische Forschung hat Platons Mythos sozusagen vom Kopf auf die Füße gestellt und seiner Unwahrscheinlichkeiten beraubt, aber um einen wesentlichen Bestandteil – die grenzenlose Sehnsucht nach einer illusionären Einheit – kommt sie nicht herum. Sie spricht von der Sehnsucht nach Symbiose, Verschmelzung, Spiegelung, Anlehnung, Idealisierung und meint damit, dass die oben skizzierte Bereitschaft des Menschen, zu sehen, was er sich wünscht, und zu glauben, es sei tatsächlich da, sich gerade in den mächtigsten, den erotischen Bedürfnissen besonders zeigt.

21. Der Begriff wurde 1977 geprägt (W. Schmidbauer, Die hilflosen Helfer, Reinbek); die jüngste Publikation ist »Das Helfersyndrom«, Reinbek 2007.
22. Sie ist übrigens auch ein Signal, dass die Adoleszenz einsetzt, in der auch Freundschaften leidenschaftlicher werden und das Ich sehr viel stärker beschäftigen als während der Kindheit.
23. Eine Gesellschaft Stachelschweine drängte sich an einem kalten Wintertage recht nah zusammen, um durch die gegenseitige Wärme sich vor dem Erfrieren zu schützen.
Jedoch bald empfanden sie die gegenseitigen Stacheln, welches sie dann wieder voneinander entfernte. Wann nun das Bedürfnis der Erwärmung sie wieder näher zusammenbrachte, wiederholte sich jenes zweite Übel, so dass sie zwischen beiden Leiden hin und her geworfen wurden, bis sie eine mäßige Entfernung voneinander herausgefunden hatten, in der sie es am besten aushalten konnten.
Und diese Entfernung nannten sie Höflichkeit und feine Sitte.

Register

Abhängigkeit 23, 26, 73, 132, 153, 178f., 223
Abraham, Karl 76
Affekt, primitiver 43
Aggression 16, 24, 76, 80, 99, 105, 166, 178, 192
Aggression, kannibalische 56
Aggressionsverarbeitung 100
Anfälle, künstliche epileptische (Elektrokrampftherapie) 80
Angst 14, 22, 47, 52, 60, 71, 73, 165, 217, 230
Ängste, sexuelle 51
Arbeitswut, perfektionistische 37
Äsop 75
Auffälligkeit, seelische 72
Auseinandersetzung, Vermeidung einer 45
Avicenna 177

Bacon, Francis 46
Bedürfnisse, narzisstische 98f.
Beschimpfung, entwertende 74
Bestätigung, sexuelle 60
Beziehung, symbiotische 101
Borderline-Störung/ Syndrom 73
Bosch, Hieronymus 155

Depression 81ff., 127f., 189, 210
Drohung 18

Einsicht 30
Elektroschock 80f.
Empathie 44
Entlastung, kannibalische 129
Entlastung, pharisäische 129
Enttäuschung 42, 58, 14, 159, 166
Entwertung, kränkende 62
Entwertungsgefühl 21

Register

Entwertungsmechanismus 73
Entwicklung, seelische 14
Entwicklungsblockade 23
Erwartung, idealisierte 60
Erwartung, narzisstische 126
Erwartung, primitive 13
Erwartung, soziale 101
Erziehungsversuche, Scheitern eigener 50
Exhibitionismus 113f.

Freud, Sigmund 53, 55f., 108
Führungskompetenz 14
Führungsschwäche 14

Gewalt 18, 45, 65
Goethe, Johann Wolfgang von 154

Haarer, Johanna 143f.
Herostratos 41
Hierarchien, flache 98
Hilflosigkeit 26
Hitler, Adolf 69
Humor 44, 53f., 62f., 107ff., 141, 146, 208, 214, 218, 225ff., 231, 236
Hysterie 71

Idealisierung 62, 77, 109, 126f., 175

Ignoranz 19
Illusion 24, 32, 106, 126, 156f., 174, 199
Illusionsbildung 23, 125
Interaktion, gestörte 42
Ironie 36, 108f., 226, 231

Kirchen, Thomas 98
Klein, Melanie 56f., 76, 218
Koch, Robert 82
Kompensation früher Verletzungen 24
Kompensation, narzisstische 64
Konflikte 21, 39
Konflikte, zwischenmenschliche 20
Kränkung 14ff., 18f., 22, 30f., 41, 44, 52, 59, 62, 66, 71, 74, 90, 103ff., 109, 122, 127f., 135, 137, 141, 146, 189, 226, 239
Kränkungsreaktion 14
Kränkungsverarbeitung 13, 24, 61, 59ff., 103, 107, 129, 130ff., 142f., 145, 147, 191, 205
Krise, narzisstische 34

Leistungsverhalten 24
Liebesbeziehung, befriedigende 13

Register

Liebesbeziehung, Entgleisung einer 42
Lorenz, Konrad 125
Luther, Martin 70

Macht 24, 47, 204, 239
- destruktive 45
Marx, Karl 53, 101
Masochismus, pädagogischer 40
May, Karl 69
Mensch, narzisstisch belasteter 68, 77f.
Mensch, traumatisierter 58 66

Narzissmus 41, 57, 73
Narzissmus, pharisäischer 75
Narzissmus, kannibalischer 67f., 74ff., 79
Neid 97
Neid, narzisstischer 13

Ödipus-Mythos 56
Opferposition 14
Ovid 55
Paar, narzisstisch überlastetes 17
Perfektionismus 24, 83, 108, 229
Perspektive, berufliche 13
Position, depressive 56f., 59, 73, 106, 220
Position, humorvolle 106f.
Position, manische 106
Position, paranoide 56, 60
Problematik, ödipale 118
Probleme, berufliche 15
Projektion 60
Prozess, stabilisierender 16
Psychopharmaka 81
Psychose, manisch-depressive 80

Rache 40f., 43
Reaktion, feindselige 12
Reaktion, primitive 14, 109
Regulationssystem, verletztes 73
Rücksicht 30f.
Rücksichtslosigkeit 29

Sauerbruch (Geheimrat) 98
Schiller, Friedrich 101
Schopenhauer, Arthur 217
Sehnsucht nach Vollkommenheit 38
Selbstaufopferung, weibliche 62
Selbstbestrafung 25
Selbstbewusstsein, gesundes 19
Selbstgefühl 100, 131
Selbstobjekt 78, 117

Register

Selbstobjekt, Entwertung des 77
Selbstregulation 34
Selbstüberschätzung 80
Selbstunterschätzung 80
Selbstvertrauen 21
Selbstzufriedenheit 98
Sensibilität 30
Sexualüberschätzung 125
Stabilisierung 65
Stabilität, seelische 73
Störung, narzisstische 62, 130
Störung, psychische 15, 72
Strukturen, hierarchische 98
Strukturen, innere 74
Symbol 40
System, seelisches 73
System, überlastetes narzisstisches 104

Teamkonzept 98
Tiere, gruppenlebende 12
Toleranz 18, 70
Traditionen, kulturelle 65
Traumatisierung 128, 150

Überforderung, seelische 111
Übergriff 29
Überlegenheit, fiktive 63

Übermacht 12
Übertragungsliebe 125
Unwissenheit 18 f.

Veränderung des Partners 36
Verhalten, destruktives 65
Verhalten, kränkendes 12
Verhalten, rücksichtsloses 30
Verhalten, unerwünschtes 51
Verlust 38, 124 f., 191
Verlustangst 26
Versagen 51, 53
Versagung, exhibitionistische 113
Verständnis 30
Verweigerung 25
Verweigerung, sexuelle 28

Wut 14, 71, 90, 103, 113, 191, 199
Wut, narzisstische 42, 44 f., 74, 113
Wut, projizierte 60
Wutausbruch 18, 74, 136

Zivilcourage 53 f.
Zufriedenheit der Eltern 72
Zustand, posttraumatischer 155

Liebe in jeder Beziehung

16792

David Givens
Körpersprache der Liebe
- Selbst die richtigen Signale senden
- Signale des Partners richtig deuten

Susanne Walsleben
Männer mit Eigenschaften
Was der Mann, den Sie lieben, mit in die Beziehung bringt und wie sich damit besser leben lässt

16783

16785

Rita Pohle
Weg damit!
Die Liebe befreien
Wie Sie Ihre Beziehung entrümpeln

16813

Cornelia Mangelsdorf
Liebeskummer
Erste Hilfe für gebrochene Herzen

Die Kunst, mit einem Mann zu leben

16108

16413

Die Seele baumeln lassen

368 Seiten
ISBN 978-3-442-16789-0
€ 8,95

Unsere Sehnsucht nach Ruhe, Orientierung und mehr Zeit wächst von Tag zu Tag. Marco von Münchhausen stellt individuelle »Rastplätze« für die Seele vor: 15 Möglichkeiten, um neue Kraft zu schöpfen und wieder zu uns selbst zu finden. So inspirierend geschrieben, dass das Auftanken schon mit dem Lesen der ersten Seite beginnt.

Überall, wo es Bücher gibt und unter www.mosaik-goldmann.de

Der Weg zum Erfolg

Jack Canfield
Janet Switzer
Kompass für die Seele
So bringen Sie Erfolg in Ihr Leben

Vom Autor des Weltbestsellers
»Hühnersuppe für die Seele«

16666

GOLDMANN

Einen Überblick über unser lieferbares Programm
sowie weitere Informationen zu unseren Titeln und
Autoren finden Sie im Internet unter:

www.goldmann-verlag.de

Monat für Monat interessante und fesselnde
Taschenbuch-Bestseller

Literatur deutschsprachiger und internationaler Autoren

∞

Unterhaltung, Kriminalromane, Thriller,
Historische Romane und Fantasy-Literatur

∞

Klassiker mit Anmerkungen, Anthologien
und Lesebücher

∞

Aktuelle Sachbücher und Ratgeber

∞

Bücher zu Politik, Gesellschaft, Naturwissenschaft
und Umwelt

∞

Alles aus den Bereichen Esoterik, ganzheitliches Heilen
und Psychologie

Die ganze Welt des Taschenbuchs
Goldmann Verlag • Neumarkter Straße 28 • 81673 München

GOLDMANN